普通高等教育"十二五"规划教材
国家教学改革与质量工程项目

会计学特色专业系列教材

总主编 薛小荣

会计模拟实践教程

薛小荣 贾 茜 贾宗武／主编

黄恭信 赵栓文 郭西强／副主编

立信会计出版社
LIXIN ACCOUNTING PUBLISHING HOUSE

图书在版编目(CIP)数据

会计模拟实践教程/薛小荣，贾茜，贾宗武主编. —上海：立信会计出版社，2013. 8

会计学特色专业系列教材

ISBN 978 - 7 - 5429 - 3260 - 0

Ⅰ. ①会… Ⅱ. ①薛…②贾…③贾… Ⅲ. ①会计学—教材 Ⅳ. ①F230

中国版本图书馆 CIP 数据核字(2013)第 175756 号

责任编辑　张巧玲
封面设计　周崇文

会计模拟实践教程

出版发行	立信会计出版社		
地　　址	上海市中山西路 2230 号	邮政编码	200235
电　　话	(021)64411389	传　　真	(021)64411325
网　　址	www. lixinaph. com	电子邮箱	lxaph@sh163. net
网上书店	www. shlx. net	电　　话	(021)64411071
经　　销	各地新华书店		

印　　刷	上海肖华印务有限公司	
开　　本	787 毫米×1 092 毫米	1/16
印　　张	17. 25	
字　　数	249 千字	
版　　次	2013 年 8 月第 1 版	
印　　次	2015 年 7 月第 2 次	
印　　数	3 101—6 200	
书　　号	ISBN 978 - 7 - 5429 - 3260 - 0/F	
定　　价	36. 00 元	

国家教学改革与质量工程项目

会计学特色专业系列教材

总 序

西安财经学院会计学专业创建于20世纪50年代初，在半个多世纪的会计学专业教学中，由具有丰富实践经验和中外会计学专业知识背景的中青年会计学人才组成的专业教学团队，以“重基础、重实践、重规范”为教学理念，自编适合培养对象特点的讲义与教材，形成了自己的教学特色，为新中国，尤其是为西部建设培养了一大批急需的应用型会计专门人才，奠定了会计学专业人才培养的基本教学模式，得到了用人单位和会计教育界的肯定。

进入21世纪以来，西安财经学院会计学专业秉承并充实传统的教学理念，按照“宽口径、厚基础、强能力、高素质”的人才培养要求，以及培养“信得过、用得上、干得好”且具有创新精神的高级应用型会计专门人才的特色定位，大力进行教学改革，提高教学质量，取得了一系列优秀的教学成果。会计学专业的毕业生就业率一直稳居各相关专业前列，对学生的吸引力进一步增强。2008年，会计学专业被立项为“省级特色专业建设点”；2010年，被立项为“国家级特色专业建设点”，为提高会计学专业教学质量，以及加快教学改革步伐增添了新的动力。

教材是体现教学内容和课程体系的知识载体，是进行教学的基本工具，也是全面推进素质教育、培养应用型创新人才的重要保证。为了系统总结西安财经学院会计学专业多年来的教学改革成果，整合会计学专业已有的教材、讲义资源，体现会计学专业最新的教学理念和特色，依托国家级和省级教学改革与质量工程项目，西安财经学院组织编写了“会计学特色专业系列教材”。

本系列教材主要包括：《基础会计学》、《中级财务会计》、《高级财务会计》、《成本会计》、《审计学》、《金融企业会计学》、《税务会计》、《财务管理》、《企业财务分析》、《管理会计学》、《会计信息系统实践教程》、《会计模拟实践教程》等。本系列教材的特点是重点突出、难点易化；重视系统性、讲求实用性、避免重复性；重基础、重实践、重规范、重应用、重能力培养；便于学习、便于掌握、便于应用和实践。编写本系列教材的目的是为了使学习者能提高学习效率，使教授者能提高教学质量。

需要说明的是，本系列教材既是国家级、省级教学改革与质量工程项目的重点资助内容，又是会计学专业教学改革成果的系统总结；反映了会计界前辈们的探索和当今会计学人的研究成果；还有同行们的关心和相关单位、部门的支持，在此一并表示谢意。希望我们的努力能够为我国的会计教育和人才培养作出更多的有益贡献。

期望读者和同行对本系列教材提出宝贵意见和建议。

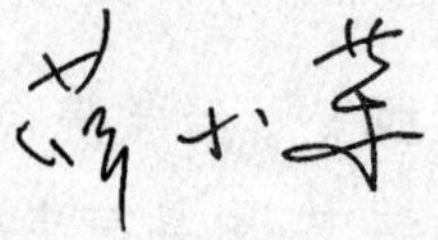

2013 年 7 月

前　言

为了适应市场经济对会计专业高素质应用型人才的需要，西安财经学院会计学专业教学团队在院教材编审委员会的统一领导下，编写了这本《会计模拟实践教程》教材。本教材通过大量会计凭证、会计账簿和会计报表的实际训练，可以大大提高学生的实际动手能力和分析问题、解决问题的能力，为学生毕业后能尽快适应实际工作需要打下良好的专业基础。本书在编写过程中突出了以下特点：

1. 完全按照实际工作中会计业务发生的顺序编排实训内容。本教材不以章节为序，而是以实际工作中经济业务发生的顺序进行编排，让学生按照会计工作的具体程序，运用会计工作的具体方法进行模拟训练，以增强学生的实际动手能力，提高学生的专业操作技能。

2. 综合了会计学专业主干课程的主要内容。本教材的106笔业务中，包含了“基础会计”、“财务会计”、“成本会计”和“审计学”等会计学专业主干课程的主要内容，使实训具有综合性和系统性，有利于培养学生的综合分析能力和职业判断能力。

3. 吸收了近年来我国会计改革的新成果。本教材在编写时，以财政部最新颁布并实施的《企业会计准则》为依据，尽量使学生掌握会计改革的新内容，了解会计改革的新动向，使学生走出校门后能尽快地适应实际工作的需要。

本教材由西安财经学院薛小荣、贾宗武和西安外国语大学贾茜任主编，负责全书的总体设计，拟定全书的编写大纲并进行写作分工。西安财经学院的黄恭信、赵栓文和郭西强任副主编，协助主编工作，参加编写的还有西安财经学院的余涛、夏勇和贡晓军。全书编写的具体分工是：薛小荣编写第一部分和第三部分；贾茜编写第二部分中的“一、账户期初余额”和“二、十二月份经济业务”中的第1至第27笔业务以及第四部分；黄恭信编写“二、十二月份经济业务”中的第28至第39笔业务；郭西强编写“二、十二月份经济业务”中的第40至第50笔业务；赵栓文编写“二、十二月份经济业务”中的第51至第62笔业务；余涛编写“二、十二月份经济业务”中的第63至第73笔业务；夏勇编写“二、十二月份经济业务”中的第74至第84笔业务；贡晓军编写“二、十二月份经济业务”中的第85至第90笔业务；贾宗武编写“二、12月份经济业务”中的第91至第106笔业务。最后由薛小荣、贾宗武和贾茜对全书进行总纂定稿。

本教材的编写得到了国家教育部“质量工程——会计学特色专业”建设项目的大力资助。同时，本教材在编写过程中参阅了大量国内相关著作和教材，在此，我们一并表示衷心的感谢！

由于我们水平有限，加之本教材内容新，数字前后连贯，书中疏漏和错误在所难免，敬请广大读者批评指正！

编　者

2013年7月

目录

第一部分 有关说明

一、企业概况

中山公司是从事纺织机械产品制造的中型企业，注册资本为2 000万元。公司设有铸造、机加工（下设两个生产车间）和装配三个基本生产车间，从事PT123和PT456型喷气织机（简称PT123和PT456）产品的生产。另外，公司还设有机修和供汽两个辅助生产车间。

中山公司属多步骤生产企业，其生产工艺流程是：根据生产计划的要求先由铸造车间浇铸出灰铁件和球钢件，经检验合格后送交自制半成品仓库；机加工车间分别由仓库领用各种灰铁件和球钢件，经车、钳、铣、刨、磨等工序，加工成各种不同的零部件，经检验合格后直接送交装配车间；装配车间将收到的零部件连同由仓库领用的外购件等组装成PT123和PT456型喷机，经检验合格后送交产成品仓库。其工艺流程图如下图所示。

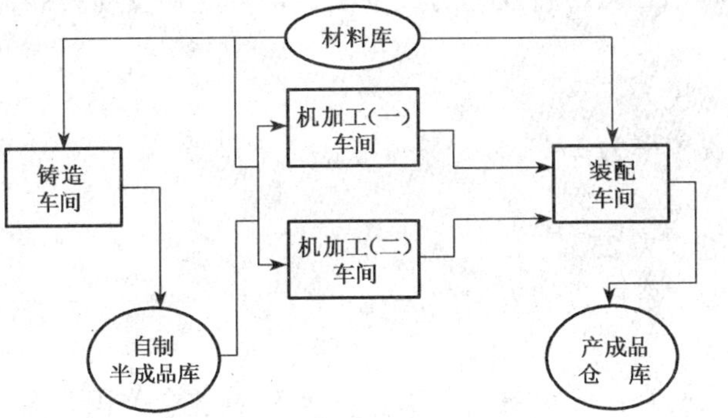

工艺流程图

二、公司有关制度规定

（一）流动资产

1. 库存现金限额为8 000元。

2. 计提坏账准备采用“余额百分比法”，应收账款的计提比例为2%。其他应收款的计提比例为1%。

3. 原材料和低值易耗品按计划成本计价。材料成本差异按原料及主要材料、辅助材料、外购半成品、修理用备件、燃料和低值易耗品六大类分别核算，材料成本差异率按全月一次加权平均法计算（不包括暂估料款的计划成本）。收入材料的成本差异于月末通过编制“收料凭证汇总表”结转，发出材料全月一次汇编“发料凭证汇总表”。

4. 低值易耗品采用一次摊销法。

5. 自制半成品和库存商品存货按实际成本计价。发出时，库存商品采用“全月一次加权平均法”，自制半成品采用“先进先出法”，月末统一结转成本。

6. 存货跌价准备于年终时按照单项存货计提。

(二) 固定资产

1. 固定资产折旧方法：房屋、建筑物采用“年限平均法”，机器设备采用“双倍余额递减法”。

2. 固定资产减值准备年终时按照单项资产计提。

(三) 产品成本核算

1. 该公司实行厂部和车间两级核算，以分步法为主，结合运用品种法计算产品成本。

2. 铸造车间以灰铁件和球钢件作为成本计算对象，采用品种法计算各种铸件成本。铸件成本采用综合结转，不进行成本还原。

3. 机加工（一）、（二）车间和装配车间分别 PT123 和 PT456 作为成本计算对象，采用平行结转法计算各种产品成本。

4. 辅助生产车间单独核算制造费用，辅助生产费用按“计划成本分配法”进行分配，成本差异直接计入管理费用。

5. 其他费用分配：铸造车间间接材料费用按完工铸件数量比例分配，装配车间间接材料费用按当月投产数量比例分配。其他费用分配按所给资料的要求进行。

6. 计算产品成本时不开设燃料及动力成本项目，将燃料及动力列为“制造费用”项目。

(四) 增值税部分

1. 该企业为一般纳税人。

2. 该企业的增值税税率为 17%。

(五) 所得税

1. 该企业所得税税率为 25%。

2. 所得税核算采用“资产负债表债务法”。

(六) 利润分配

1. 盈余公积计提比例为：法定盈余公积 10%；任意盈余公积 5%。

2. 应分配给投资者的利润，按各方出资比例于年终一次进行。

(七) 其他

1. 该企业采用记账凭证会计核算形式。

2. 该公司在工商银行茂名市解放路办事处开户，其账号为 286-54024-028；纳税人识别号：250214010167421；总经理张盛才，会计主管郭选民，出纳员张莉。

3. 原始凭证中，税务、银行、铁路等部门的业务印章省略，并假设主管、验收经手人已签字。

4. 其他有关制度、规定在经济业务中提供。

5. 如无特别说明，图、表、票据中金额单位均为“元”。

三、实验程序说明

1. 实验要求完全按照会计工作中处理经济业务的程序进行，从建账开始，经过审核原始凭证、编制记账凭证、登记账簿、成本计算、结账、编制会计报表，最后将凭证、账簿、报表加具封面，装订成册，归档保管。

2. 处理每项经济业务，必须将依据的原始凭证从教程中剪下，附于记账凭证之后。在审核原始凭证时，对不符合要求的外来原始凭证，不予报账；属于自制原始凭证，手续不齐备的应予补办，然后报账。

3. 文字和数字书写、会计凭证填制、错账更正、会计科目使用、会计报表编制等必须严格按照财政部印发的《会计基础工作规范》进行。

4. 根据记账凭证逐笔登记序时账、明细账和总账。

5. 本综合实验有一定的难度，必须在教师的指导下独立或分组逐步完成，在习作过程中应加强讨论。

6. 综合实验完成之后，由指导教师评分，作为实习成绩。

7. 实验用资料：

(1) 教材：1本。

(2) 凭证：收款凭证15张；付款凭证40张；转账凭证90张。

(3) 账簿：现金日记账1页；银行存款日记账3页；数量金额式明细账30页；材料采购横线登记式明细账4页；应交增值税专用明细账4页；多栏式明细账52页；三栏式明细账80页；三栏式总账66页。

(4) 报表：资产负债表、利润表、利润分配表各1张。

(5) 凭证封皮：3张，分别装订收款凭证、付款凭证和转账凭证。

(6) 账簿封皮：2张，分别装订总账和明细账。

(7) 档案袋：1个，用于实训时存放所有会计资料。

(8) 其他：小刀1把，胶水1瓶，夹子3个，大头针若干。

第二部分　实 习 资 料

一、账户期初余额

（一）2012 年 12 月初账户余额表

总账账户	二级账户	明细账户	借方余额	贷方余额
库存现金			5 000	
银行存款			500 000	
其他货币资金		存出投资款	100 000	
应收票据			65 000	
		秦川织布厂	35 000	
		红旗纺织厂	30 000	
应收账款			805 000	
		红光织布厂	80 000	
		河东纺织厂	5 000	
		东风织布厂	480 000	
		西塞尔公司①	240 000	
其他应收款		李　亮	1 000	
坏账准备		应收账款		5 000
原 材 料			1 660 000	
	原料及主要材料		680 000	
	辅助材料		4 000	
	外购半成品		960 000	
	修理用备件		8 000	
	燃　料		8 000	
周转材料	低值易耗品		10 000	
		工　具	3 000	
		管理用具	1 000	

（续表）

总账账户	二级账户	明细账户	借方余额	贷方余额
		劳保用品	6 000	
材料成本差异				50 000
	原料及主要材料			30 000
	辅助材料			200
	外购半成品			20 000
	修理用备件		400	
	燃　料			1 000
	周转材料		800	
自制半成品			140 000	
		灰铁件	60 000	
		球钢件	80 000	
库存商品			1 087 100	
基本生产成本			1 171 268	
	机加工(一)车间		269 850	
	机加工(二)车间		388 257.5	
	装配车间		513 160.5	
预付账款			12 910	
		保险费	7 910	
		报刊费	5 000	
持有至到期投资			220 000	
	成本	国库券②	200 000	
	应计利息		20 000	
固定资产			20 000 000	
	生 产 用		16 000 000	
	非生产用		2 000 000	
	未 使 用		1 000 000	
	不 需 用		1 000 000	
累计折旧				3 000 000
在建工程		设备安装工程	2 570 000	

（续表）

总账账户	二级账户	明细账户	借方余额	贷方余额
无形资产		PT456 专利权③	240 000	
累计摊销				62 278
短期借款		临时借款		1 200 000
应付账款				1 080 000
		略阳钢厂		200 000
		兰州钢铁公司		880 000
应付职工薪酬				83 000
		工会经费		3 000
		职工福利费		80 000
应交税费				120 000
		未交增值税		90 000
		应交所得税		30 000
应付利息		短期借款利息		12 000
长期借款		固定资产投资借款④		400 000
长期应付款		市成套设备租赁公司		1 284 636.69
实收资本				20 000 000
		茂名国资委		15 000 000
		长江投资公司		5 000 000
盈余公积				600 000
		法定盈余公积		400 000
		任意盈余公积		200 000
本年利润				315 363.31
资本公积		其他资本公积		275 000
利润分配		未分配利润		100 000

（续表）

总账账户	二级账户	明细账户	借方余额	贷方余额
合　　计			28 587 278	28 587 278

注：① 西塞尔公司的外币金额为 30 000 美元，汇率 1∶8，折合人民币 240 000 元。

② 债券于 2010 年 7 月 1 日购买，期限 3 年，到期一次还本付息，年利率 5%，每半年计算一次应计利息收入。

③ PT456 专利权于 2010 年 1 月 3 日购买，原购买价 240 000 元，摊销期 10 年，每月摊销一次。

④ 长期借款 400 000 元，期限 3 年，2013 年 6 月底到期。

(二) 2012 年 12 月初库存原材料结存表

材料类别、品种		计量单位	数　量	计划单价	金　额
原料及主要材料	生铁	吨	100	300	30 000
	锰钢	吨	5	10 000	50 000
	钢板	吨	200	3 000	600 000
	小　计				680 000
辅助材料	油漆	千克	200	5	1 000
	木材	立方米	4	500	2 000
	包装材料				1 000
	小　计				4 000
外购半成品	75 千瓦电动机	台	15	4 000	60 000
	55 千瓦电动机	台	12	3 000	36 000
	标准件				500 000
	液压件				364 000
	小　计				960 000
修理用备件					8 000
燃料	煤	吨	40	100	4 000
	焦炭	吨	20	200	4 000
	小　计				8 000
合　计					1 660 000

(三) 2012年12月初在产品成本表

车间、产品别 \ 成本项目		直接材料	直接人工	制造费用	合计
机加工(一)车间	PT123	107 200	13 103.12	24 437.50	144 740.62
	PT456	92 600	9 946.88	22 562.50	125 109.38
	小计	199 800	23 050.00	47 000.00	269 850.00
机加工(二)车间	PT123	130 800	33 973.44	45 562.50	210 335.94
	PT456	123 200	20 584.06	34 137.50	177 921.56
	小计	254 000	54 557.50	79 700.00	388 257.50
装配车间	PT123	272 956	15 180.37	28 785.00	316 921.37
	PT456	146 422	16 402.13	33 415.00	196 239.13
	小计	419 378	31 582.50	62 200.00	513 160.50
合计		873 178	109 190.00	188 900.00	1 171 268.00

（四）2012 年 12 月初库存自制半成品结存表

名　称	计量单位	数　量	实际单位成本	金　额
灰铁件	吨	30	2 000	60 000
球钢件	吨	4	20 000	80 000
合　计				140 000

（五）2012 年 12 月初库存商品结存表

名　称	计量单位	数　量	实际单位成本	金　额
PT123	台	22	37 100	816 200
PT456	台	9	30 100	270 900
合　计				1 087 100

二、12月份经济业务

1. 12月1日,冲销上月暂估料款。

转 账 凭 证

2012年11月30日　　　　转字第091号

摘要	总账科目	明细科目	明细账页	借方金额										贷方金额									
				千	百	十	万	千	百	十	元	角	分	千	百	十	万	千	百	十	元	角	分
11月暂估料款	原材料	钢板				1	8	0	0	0	0	0	0										
	应付账款	兰州钢铁公司														1	8	0	0	0	0	0	0
合计					¥	1	8	0	0	0	0	0	0		¥	1	8	0	0	0	0	0	0

会计主管:郭选民　　记账:刘 石　　复核:铁 敏　　制单:孙 静

2. 12月1日,收到前欠货款。

第1325671号

委邮　**委托银行收款**结算凭证(收账通知)　4

委托日期2012年11月18日

委托号码:

付款期限20　年　月　日

延期期限20　年　月　日

收款单位	全称	中山公司	付款单位	全称	东风织布厂
	账号	286-54024-028		账号或地址	189-70262-043
	开户银行	解放路办事处		开户银行	中山路办事处

委收金额	人民币(大写):肆拾捌万元整	千	百	十	万	千	百	十	元	角	分
			¥	4	8	0	0	0	0	0	0

款项内容	货款及运费	委托收款凭据名称	发票运单	附寄单证张数	2

备注:	收列款项: 1. 已全部划回收入你方账户。 2. 已收回部分款项收入你方账户。 3. 全部未收到。 (收款单位开户行盖章) 11月29日	科目 对方科目 转账20　年　月　日 单位主管　会计 复核　记账

此联是收款单位开户银行在款项收妥后给收款单位的收账通知

付款单位开户行　　收到日期2012年11月23日　　支付日期2012年11月24日

3. 12月1日,领用灰铁件。

(月末编制铸件领用汇总表,下同)

铸件领用单

领用单位:机加工(一)车间　　2012年12月1日　　编号:00345

项目 / 产品名称	铸件名称	灰铁件	用途		生产耗用
	请领	实发	单位成本	总成本	备注
PT123	6吨	6吨			
PT456	11吨	10吨			
合计					

② 此联经签收存车间核算员

主管:吴晗　　审核:　　领料:文中　　发料:白平

铸件领用单

领用单位:机加工(二)车间　　2012年12月1日　　编号:00346

项目 / 产品名称	铸件名称	灰铁件	用途		生产耗用
	请领	实发	单位成本	总成本	备注
PT123	4吨	3吨			
PT456	9吨	9吨			
合计					

② 此联经签收存车间核算员

主管:刘华　　审核:　　领料:张明　　发料:白平

4. 12月2日，领料。

（月末编制发料凭证汇总表，下同）

材料类别：燃料
材料编号：（略）
材料名称：煤
用　　途：生产耗用

领料单位：供汽车间
发料库号：煤场
计量单位：吨
计划限额：110吨

领料登记表

2012年12月

日　期	领料数量		发料人	领料人	备　注
	当　月	累　计			
2	20	20	刘　冰	韩　辉	
材料计划单价		100	金额合计		

材料类别：燃料
材料编号：（略）
材料名称：焦炭
用　　途：生产耗用

领料单位：铸造车间
发料库号：煤场
计量单位：吨
计划限额：40吨

领料登记表

2012年12月

日　期	领料数量		发料人	领料人	备　注
	当　月	累　计			
2	18	18	张　平	刘　明	
材料计划单价		200	金额合计		

5. 12月3日，购入不需要安装数控机床一台，交机加工（一）车间使用，单价60万元，款未付。数控机床预计使用20年，预计净残值率5%。

6100043140

茂名市增值税专用发票

发 票 联

No 007569

开票日期:2012年12月3日

购货单位	名称:中山公司 纳税人识别号:250214010167421 地址、电话:茂名市解放路 5251622 开户行及账号:市工行 286-54024-028			密码区	(略)		
货物或应税劳务名称	规格型号	单位	数量	单价	金额	税率	税额
数控机床		台	1	600 000	600 000	17%	102 000
合计					¥600 000		¥102 000
价税合计(大写)	柒拾万零贰仟元整				(小写)¥702 000.00		
销货单位	名称:茂名市胜利机械厂 纳税人识别号:250219658742012 地址、电话:市建设路 5261756 开户行及账号:市工行建办 128-2584937968			备注			

第二联:发票联 购货方记账凭证

收款人:王海侠 复核: 开票人: 销货单位:(章)

固定资产交接单

年 月 日

使用单位: 转移单号:

转移原因或依据								
固定资产名称	规格及型号	单位	数量	预计使用年限	已使用年限	原值	已提折旧	净值
调出单位				使用单位				

固定资产卡片(正)

类别

名 称		资产编号	
型号(结构)		规格(米²)	
制(建)造厂		出厂时间	
使用单位		出厂编号	
资金来源		资产原值	
列账凭证		启用年月	
附件或附属物		验收日期	
		折旧年限	
调拨转移记录		预计残值	
报废清理记录		预计清理费	
中间停用记录		原安装费	

折旧记录(背)

折旧方法

原值：			预计净残值：				年折旧率：		月折旧率：
年份	年折旧率	年折旧额	月折旧额	累计年折旧额	年份	年折旧率	年折旧额	月折旧额	累计年折旧额

6. 12月3日,预借备用金。

借款凭证

2012年12月3日　　№ 0004868

借款单位:技术科		借款人 张宏
借款金额(大写) 伍佰元整		¥500.00
审批人(签章)张盛才		备 注
借款事由	购买检测工具。	

第二联 付款凭证

复核:王 超　　记账:张 莉

7. 12月3日,领料。

限额领料单

领料单位:铸造车间　　编号:0560
用 途:熔浇球钢件　　材料单价:10 000
计划产量:(略)　　2012年12月　　单位消耗定额:(略)

材料名称及规格	计量单位	全月领用限额	全月实领	
			数量	金额
锰 钢	吨	6吨		

领料日期	请领数	实发数	结余数	领料人	领料单位主管	发料人
3日	4	4	2	李 宏	张 志	王 元
合计						

供应部门负责人:刘 军　　生产计划部门负责人:尚 方　　仓库管理员:王 元

领料单位：铸造车间

限额领料单

编号：0517

用　　途：熔浇灰铁件

材料单价：300

计划产量：（略）

2012年12月

单位消耗定额：（略）

材料名称及规格			计量单位	全月领用限额		全月实领	
						数量	金额
生　铁			吨	100吨			
领料日期	请领数	实发数	结余数	领料人	领料单位主管	发料人	
3日	40	40	60	蒋学义	张　志	王　元	
合计							

供应部门负责人：刘　军　　生产计划部门负责人：尚　方　　仓库管理员：王　元

材料类别：燃料

领料单位：铸造车间

领料登记表

材料编号：（略）

发料库号：煤场

材料名称：煤

2012年12月

计量单位：吨

用　　途：生产耗用

计划限额：22吨

日期	领料数量		发料人	领料人	备注
	当月	累计			
3	10	10	刘　冰	王　义	
材料计划单价		100	金额合计		

8. 12月3日，承付料款，计算采购成本，补填材料入库单有关项目。

邮 **托收承付**结算凭证（承付/支款 通知） 5

委托号码：第 0342156 号

承付期限	年	月	日
到期	年	月	日

委托日期 2012 年 11 月 25 日

收款人	全称	兰州钢铁公司	付款人	全称	中山公司
	账号	096-47152-073		账号或地址	286-54024-028
	开户银行	兰州市工商行		开户银行	解放路办事处

托收金额	人民币（大写）	千	百	十	万	千	百	十	元	角	分
	贰拾壹万陆仟玖佰元整		¥	2	1	6	9	0	0	0	0

附件		商品发运情况	合同名称号码
附寄单证张数或册数	3	已启运	

备注：验货付款

付款人注意：
1. 根据结算方式规定，上列托收款项，在承付期限内未拒付时，即视同全部承付，如系全额支付即以此联代支款通知；如遇延付或部分支付时，再由银行另送延付或部分支款的支款通知。
2. 如需提前承付或多承付时，应另写书面通知送银行办理。
3. 如系全部或部分拒付，应在承付期限内另填拒绝承付理由书送银行办理。

单位主管　　会计　　复核　　记账　　付款单位开户行盖章　　12 月 2 日

付（支款）通知　此联是付款人开户银行通知付款人按期承付货款的承

供应单位：兰州钢铁公司

地址：兰州市

材料验收入库单

№：0034

收料日期：2012 年 11 月 29 日

计划项目			合同编号		材料编号		
	名称及规格	数量	计量单位	单价	总价（十万千百十元角分）	运杂费（千百十元角分）
采购记录	钢板	60	吨			
		账款金额合计				
实收	钢板	60 吨	实际价格			
请款日期	11月9日	本月结余量	存放地点：2号库	计划价格	3 000	

1. 附提单：________号 2. 发票号码：________号 3. 委托加工：委申单________号 出库单________号 4. 提运限期　年　月　日	检验结果	检验合格
	备注	

主管 郭达民　记账　保管 孙明　检验 王玲　采购员 雷义

②本联交财务报账存查

兰州市增值税专用发票

6100043140　　　　　　发　票　联　　　　　　№ 007569

开票日期:2012年11月25日

购货单位	名　　称:中山公司 纳税人识别号:250214010167421 地址、电话:茂名市解放路 5251622 开户行及账号:市工行 286-54024-028				密码区	(略)		
货物或应税劳务名称	规格型号	单位	数　量	单　价	金　　额	税率	税　　额	
钢　板		吨	60	2 900	174 000	17%	29 580	
合　计					￥174 000		￥29 580	
价税合计(大写)	贰拾万零叁仟伍佰捌拾元整				(小写)￥203 580.00			
销货单位	名　　称:兰州市钢铁总公司 纳税人识别号:260213010124385 地址、电话:河西区　2138653 开户行及账号:市工行 096-47152-073				备注			

收款人:李三民　　复核:　　开票人:　　销货单位:(章)

第二联:发票联　购货方记账凭证

兰州铁路局

运费杂费收据

付款单位或姓名:兰州市钢铁总公司　　2012年11月26日　　№:048579

原运输票据	年　月　日第	办理种别		
发　站	兰州站	到站	茂名站	
车种车号	标　重			
货物名称	件　数	包　装	重　量	计费重量
钢　板			60吨	60吨
类　别	费　率	数　量	金额	附　记
运　费		60吨	13 320	
过秤费				
合　计			￥13 320	
合计(大写)壹万叁仟叁佰贰拾元整				
收款单位:兰州铁路分局　　经办人:邢　伟				

(货物运单略)注:为简化手续,运杂费中的运输费项目不扣除允许抵扣的进项税额,以后采购材料业务与之相同。

9. 12 月 4 日,报账。

茂名市行政事业性收款票据

（票据监制章　财政监制）

缴款单位:中山公司　　2012 年 12 月 4 日　　第Ⅱ号　　№:00795655

收 费 项 目 名 称	计量单位	数量	单价	金额								
				百	十	万	千	百	十	元	角	分
咨 询 费		3人	200					6	0	0	0	0
							¥	6	0	0	0	0
合计金额(大写) 陆佰元整												

第二联 收据

收款单位(印)（茂名大学培训部 财务专用章）　　收款人:井智信

中国工商银行（茂）
转账支票存根

$\frac{B}{0}\frac{B}{2}$0079823

科　　目 ____________

对方科目 ____________

出票日期 2012 年 12 月 4 日

收款人:茂名大学培训部
金　额:¥600.00
用　途:转付咨询费

单位主管 郭选民　会计 王　辉

10. 12月4日,划付上月水费。

6100043140 茂名市增值税专用发票 № 004328

发票联

开票日期:2012年11月30日

购货单位	名称:中山公司 纳税人识别号:250214010167421 地址、电话:茂名市解放路 5251622 开户行及账号:市工行 286-54024-028					密码区	(略)	
货物或应税劳务名称	规格型号	单位	数量	单价	金额	税率	税额	
水		吨	20 000	0.50	10 000.00	13%	1 300.00	
合计					¥10 000.00		¥1 300.00	
价税合计(大写)	壹万壹仟叁佰元整				(小写)¥11 300.00			
销货单位	名称:茂名市自来水公司 纳税人识别号:250214010532158 地址、电话:市文化路 5263842 开户行及账号:市工行 286-08347-027					备注		

第二联:发票联 购货方记账凭证

收款人:赵静 复核: 开票人: 销货单位:(章)

茂名市自来水公司 发票专用章

第0075241号

委托号码:

委邮 **委托银行收款**结算凭证(支款通知) 5

委托日期2012年11月30日

付款期限20 年 月 日	
延期期限20 年 月 日	

收款单位	全称	茂名市自来水公司	付款单位	全称	中山公司
	账号	286-08347-027		账号或地址	286-54024-028
	开户银行	人民路办事处		开户银行	解放路办事处
委收金额	人民币(大写):壹万壹仟叁佰元整		千百十万千百十元角分		¥1130000
款项内容	水费	委托收款凭据名称		附寄单证张数	1张
备注:		付款单位注意: 1. 根据结算方式规定,上列委托收款,如在付款期限内未来拒付时,即视同全部同意付款,以此联代支款通知。 2. 如需提前付款或多付少付款时,应另写书面通知送银行办理。 3. 如系全部或部分拒付,应在付款期限内另填拒绝付款理由书送银行办理。			

此联是收款单位开户银行通知付款单位按期付款的通知

单位主管 会计 复核 记账 付款单位开户行盖章 12月4日

11. 12 月 5 日，领料。

领料单位：机修车间

用　　途：生产耗用

计划产量：（略）

限 额 领 料 单

2012 年 12 月

编号：0121

材料单价：3 000

单位消耗定额：（略）

材料名称及规格	计量单位	全月领用限额	全月实领	
			数量	金额
钢　　板	吨	3 吨		

领料日期	请领数	实发数	结余数	领料人	领料单位主管	发料人
5 日	1	1	2	徐　良	石　伟	孙　明
合计						

供应部门负责人：刘　军　　生产计划部门负责人：尚　方　　仓库管理员：孙　明

领料单位：机加工（一）车间

用　　途：生产 PT123

计划产量：（略）

限 额 领 料 单

2012 年 12 月

编号：0122

材料单价：3 000

单位消耗定额：（略）

材料名称及规格	计量单位	全月领用限额	全月实领	
			数量	金额
钢　　板	吨	21 吨		

领料日期	请领数	实发数	结余数	领料人	领料单位主管	发料人
5 日	12	12	9	康　林	石　伟	孙　明
合计						

供应部门负责人：刘　军　　生产计划部门负责人：尚　方　　仓库管理员：孙　明

领料单位：机加工(一)车间

限额领料单

编号：0123

用　　途：生产 PT456

材料单价：3 000

计划产量：(略)

2012年12月

单位消耗定额：(略)

材料名称及规格	计量单位	全月领用限额	全月实领	
			数量	金额
钢　　板	吨	10吨		

领料日期	请领数	实发数	结余数	领料人	领料单位主管	发料人
5日	6	6	4	何　民	石　伟	孙　明
合计						

供应部门负责人：刘　军　　生产计划部门负责人：尚　方　　仓库管理员：孙　明

领料单位：机加工(二)车间

限额领料单

编号：0124

用　　途：生产 PT123

材料单价：3 000

计划产量：(略)

2012年12月

单位消耗定额：(略)

材料名称及规格	计量单位	全月领用限额	全月实领	
			数量	金额
钢　　板	吨	30吨		

领料日期	请领数	实发数	结余数	领料人	领料单位主管	发料人
5日	15	15	15	何　民	石　伟	孙　明
合计						

供应部门负责人：刘　军　　生产计划部门负责人：尚　方　　仓库管理员：孙　明

领料单位:机加工(二)车间

限额领料单

编号:0125

用　途:生产PT456

材料单价:3 000

2012年12月

计划产量:(略)

单位消耗定额:(略)

材料名称及规格	计量单位	全月领用限额	全月实领	
			数量	金额
钢板	吨	20吨		

领料日期	请领数	实发数	结余数	领料人	领料单位主管	发料人
5日	8	8	12	何民	石伟	孙明
合计						

供应部门负责人:刘军　　生产计划部门负责人:尚方　　仓库管理员:孙明

12. 12月5日,行政科为各车间和厂部购买办公用品。

中国工商银行(茂)
转账支票存根

$\frac{B}{0}\frac{B}{2}$0079824

科　目 ____________

对方科目 ____________

出票日期 2012年12月5日

收款人:	茂名市百货公司
金　额:	¥1388.00
用　途:	购办公用品

单位主管郭选民 会计王辉

茂名市商业零售统一发票

发　票　联　　　　No:132004

客户名称：中山公司　　　　2012 年 12 月 5 日

货 号	品名及规格	单 位	数 量	单 价	超十万元无效	金额 万	千	百	十	元	角	分
	夏普计算器	个	10	125.00			1	2	5	0	0	0
	工作手册	本	50	0.80					4	0	0	0
	碳素墨水	瓶	80	0.60					4	8	0	0
	稿 纸	本	100	0.50					5	0	0	0
合计金额（大写）	壹仟叁佰捌拾捌元整					¥	1	3	8	8	0	0
付款方式	转账支票	开户银行及账号	解放路办事处 286-54984-048									

②报销凭证

收款单位（盖章有效）　　收款人：刘 海　　开票人：万 红

办公用品领用表

2012 年 12 月 5 日

领用车间和部门	领发数量 计算器	工作手册	墨水	稿纸	金额
铸造车间	1	5	6	5	135.10
机加工(一)车间	1	5	6	5	135.10
机加工(二)车间	1	5	6	5	135.10
装配车间	1	5	6	5	135.10
机修车间	1	5	6	5	135.10
供汽车间	1	5	6	5	135.10
厂部管理部门	4	20	44	70	577.40
合 计	10	50	80	100	1 388.00

审核：王 卫　　　　制表：孟 刚

13. 12月5日,铸件完工入库。

铸件交库单

生产部门:铸造车间　　2012年12月5日　　第00257号

工号	铸件名称	规格	单位	单价	数量	总价
	灰铁件		吨		20	
	球钢件		吨		1.2	
备注			检验人 武进 入库人:刘振华			

第四联:送财会部门

会计 张志英　复核 雷鹏　记账 申云　制单 刘万民

14. 12月5日,申请出口产品专项借款。

中山公司财务处会议记录

时间:2012年12月2日下午

地点:财务处办公室　　主持人:郭选民

内容:传达公司办公会议精神

最近,公司办公会议专题研究了PT456织机有关出口问题,决定如下:

1. 为了提高我公司PT456织机出口能力,公司办公会议决定新建一条生产线,要求在2013年6月底完工投产,会议提出由我处负责筹集资金100万元。

2. 处务会议决定,由资金组李华同志在本月25日前向市工商银行办妥出口产品专项借款100万元。

3. 借款由资金组监督使用,并于2014年12月底前用出口产品收入还清。

中国工商银行专项借款申请审批书

年　　月　　日　　　　　　金额单位:万元

借款单位		企业类别		开户账号	
借款计划		申请借款额		自筹款额	
还款日期		借款余额		存款余额	

借款理由:

借款用途				分次用款计划			
项目	金额	项目	金额	日期	金额	日期	金额

还款资金来源与措施:

银行审批意见	科(股长)审核意见	行长(主任)审核意见	上级行意见
	签章 年　月　日	签章 年　月　日	签章 年　月　日

此表除“银行审批意见”由银行填写外,其余栏均由企业填写。

15. 12 月 5 日，交纳上月增值税、所得税。

中华人民共和国
增值税专用缴款书

①

预算科目		
预科	款	
算目	项	

填发日期 2012 年 12 月 5 日　　　　增字第 2012832 号

收入机关		缴款单位	全　　称	
预算级次			账　　号	
收款国库			开户银行	
税款所属时期		经济性质		隶属关系	

	征税项目	课税数量	销售收入额	税 率	入库税额 十	万	千	百	十	元	角	分
销项税额				%								
				%								
				%								
				%								
				%								
				%								
				%								
应扣进项税额												
应交增值税额												

征收机关	缴款单位	上列款项已收妥并划转收款单位账户。
盖　　章	盖　　章	国库（银行）盖章 年　　月　　日

填发人：　　　税款限于　　年　　月　　日前向银行交清，逾期加收滞纳金。

无银行收讫章无效

第一联（收据联）国库收款盖章后退缴款单位

注：2012 年 11 月份，该公司主营业务收入为 700 000 元，进项税额为 29 000 元。

预科	款	
算目	项	

中华人民共和国 所得税缴款书

经济性质	
隶属关系	

①

税缴字第 201225 号

收入机关		缴款单位（人）	全称		地址	
预算级次			账号			
收款国库			开户银行		税款所属时期	

类别名称	计税单位	数量	计税单价或单位税额	计税总值或所得额	税率	入库税款 百	十	万	千	百	十	元	角	分
所得税				120 000.00	%									
合计					%									
	按正税应纳税额征收				%计									
总计人民币（大写）														

税务机关（盖章）	缴款单位（盖章）	上列款项已收妥并划转收款单位账户 国库（银行）盖章 年 月 日
填发日期	年 月 日	

填发人： 上项税款应于 年 月 日前向银行交清，逾期加收滞纳金。

16. 12 月 5 日，收到承付货款。

邮

托收承付结算凭证（收账通知）

4

委托日期 2012 年 11 月 16 日

托收号码：第 0274895

承付期限
到期 年 月 日

收款人	全称	中山公司	付款人	全称	红光织布厂
	账号	286-54024-028		账号或地址	147-20746-058
	开户银行	解放路办事处		开户银行	劳动路办事处

托收金额	人民币（大写）捌万元整	千	百	十	万	千	百	十	元	角	分
				¥	8	0	0	0	0	0	0

附件		商品发运情况	合同名称号码
附寄单证张数或册数	3	铁运 运费 1 000 元	

备注：验货付款	上列款项已由付款人开户行全额划回并收入你方账户内。 此致 收款人： （收款人开户行盖章）	科目 对方科目 转账 年 月 日 单位主管 会计 复核 记账

付款人开户行 收到日期 2012 年 12 月 3 日 支付日期 2012 年 11 月 28 日

此联是收款人开户银行在款项收妥后给收款人的收账通知

17. 12 月 5 日，领料。

用料单位：铸造车间

领 料 单

2012 年 12 月份

产品或命令	件 号	件数	领料日期	总号 20121201
灰铁件			12 月 5 日	分号 03
用 途	生产耗用			

材料编号	材料名称规格		计量单位	数量	重量	计划单价	计划总价
	请领						
	实发	木 材	m^3	2		500	1 000

结存量		差异	价差	量差	原 因
存放地点	5 号库				

主要施工单位	主 管	会计审核	核 料	发 料	收 料	会计科目
	张 志	铁 敏	邢 龙	付 旭	李 刚	

② 此联经车间材料员签收后存材料核算员

用料单位：机修车间

领 料 单

2012 年 12 月份

产品或命令	件 号	件数	领料日期	总号 20121202
球钢件			12 月 5 日	分号 02
用 途	生产耗用			

材料编号	材料名称规格		计量单位	数量	重量	计划单价	计划总价
	请领						
	实发	修理用备件					2 000

结存量		差异	价差	量差	原 因
存放地点	1 号库				

主要施工单位	主 管	会计审核	核 料	发 料	收 料	会计科目
	石 伟	铁 敏	陈 芳	贾 艳	刘 辉	

② 此联经车间材料员签收后存材料核算员

18. 12月6日，购煤。

6100043140　　**铜川市增值税专用发票**　　№ 0027436

发　票　联

全国统一发票监制章 票样 税务监制

开票日期：2012年12月6日

购货单位	名　　称：中山公司 纳税人识别号：250214010167421 地　址、电　话：茂名市解放路 5251622 开户行及账号：市工行 286-54024-028				密码区	（略）		
货物或应税劳务名称	规格型号	单位	数　量	单　价	金　额	税率	税　额	
煤		吨	200	90	18 000.00	17%	3 060.00	
合　计					￥18 000.00		￥3 060.00	
价税合计（大写）	贰万壹仟零陆拾元整				（小写）￥21 060.00			
销货单位	名　　称：铜川燃料公司 纳税人识别号：250214030121854 地　址、电　话：市政路 6263636 开户行及账号：市工行 650-78546-034				备注			

收款人：王　惠　　复核：　　开票人：　　销货单位（章）

铜川燃料公司 发票专用章

第二联：发票联　购货方记账凭证

商 业 承 兑 汇 票　　AA 02080518 01

出票日期（大写）：贰零壹贰年拾贰月零陆日

付款人	全　称	中山公司	收款人	全　称	铜川燃料公司	
	账　号	286-54024-028		账　号	650-78546-034	
	开户银行	茂名市工行解放路办事处 行号		开户银行	铜川市工行市政路办事处 行号	
出票金额	人民币（大写）贰万肆仟零陆拾元整					
汇票到期日	贰零壹叁年零壹月零陆日			交易合同号码		
本票已经承兑，到期无条件支付票款。 承兑人签章 承兑日期贰零壹贰年拾贰月零陆日			本票请予以承兑于到期日付款。 出票人签章			

百	十	万	千	百	十	元	角	分
	￥	2	4	0	6	0	0	0

材料验收入库单

供应单位：铜川燃料公司　　　　　　　　　　　　No：00347

地址：茂名路　　　　收料日期：2012 年 12 月 6 日

计划项目			合同编号		材料编号																	
	名称及规格	数量	计量单位	单价	总价								运杂费									
					十	万	千	百	十	元	角	分	千	百	十	元	角	分				
采购记录	煤	200	吨	90		1	8	0	0	0	0	0	3	0	0	0	0	0				
		请款金额合计																				
实收	煤	200 吨	实际价格																			
请款日期	12 月 5 日	本月结余量		存放地点	3 号库	计划价格	100		2	0	0	0	0	0	0							

1. 附提单：________号 2. 发票号码：________号 3. 委托加工：委申单________号 　　　　　　出库单________号 4. 提运限期　　年　　月　　日	检验结果	检验全部合格
	备注	

主管　郭远民　　记账　刘　石　　保管张　琴　　检验　陈　战　　采购员　王　勇

②本联交财务报账存查

公路内河货物运输统一发票

发票联

统一发票监制　票样　税务监制

2012 年 12 月 5 日　　　　　　　　　　　№206041

托运单位	铜川燃料公司				付款单位		铜川燃料公司				开户行	市政路办事处								
装货地点	铜川燃料公司				卸货地点		茂名市中山公司				账号	650-78546-034								
货名	货类	数量	路等	里程	计费重量(吨)	计费吨千米	运率	每吨杂费单价					合计金额							
								基价	装费	卸费	计时	小计	十	万	千	百	十	元	角	分
煤		200t			200 吨									¥	3	0	0	0	0	0
总计金额（大写）	叁仟元整																			
承运单位							备注													
车号		收货人	刘　德																	

铜川汽车运输总公司　财务专用章

填发单位：铜川汽车运输总公司　　制单：王　均　　收款：李　龙　　2012 年 12 月 5 日

第二联报销凭证

19. 12 月 7 日，报废固定资产转入清理。

固定资产卡片

类别：房屋

名　称	8# 仓库	资产编号	7-10-104
型号(结构)		规格(米²)	
制(建)造厂	中山公司基建处	出厂时间	
使用单位	铸造车间	出厂编号	
资金来源	盈余公积	折旧年限	8 年
列账凭证	转字 20008236	启用年月	2008 年 12 月 20 日
附件或附属物		固定资产原价	150 000.00
		年折旧率	12%
调拨转移记录		预计净残值	6 000.00
报废清理记录		备　注	折旧方法：直线法
中间停用记录			

固定资产报废申请书

申报单位：中山公司　　　　厂固定资产编号：7-10-104

名称	8# 仓库	出厂时间		出厂编号	
型号、规格		投产时间	2008.12.20	单位	平方米
制造厂	中山公司	使用单位			
原值(元)	150 000	净值(元)	78 000		
已折旧(元)	72 000	殖值(元)	7 500		

报废原因：

2012 年 12 月 5 日，由于仓库线路超载短路，产生电弧高温发生火灾。

报告人：赵本文

2012.12.5

资产管理部门意见	同意报废 2012 年 12 月 6 日 （印章：中山公司资产管理处业务专用章）	厂部意见	同意报废 2012 年 12 月 6 日 （印章：中山公司）

茂名市公安局
火 灾 原 因 鉴 定 书

（市）公消监（2012）字第682号

2012年12月5日，中山公司8#仓库失火，虽全力扑救，终因火势过大仓库被毁。事后经勘查现场，发现供电线路有明显熔化块状痕迹，这与目击者提供情况及我方技术鉴定结果相吻合。因此，火灾原因系线路超载短路产生电弧高温所致。

特此鉴定

（盖章）

2012年12月6日

抄 送：茂名市保险公司

20. 12月7日，划付上月电费。

茂名供电局电费结算清单

(024099)中山公司　　地址:解放路　　2012年12月4日

银行名:解放路办事处	账号:286-54024-028	合同号:24-99
户名:24009901	户名:中山公司	户地址:解放路

变电站名:解放变　　供电线路名:解8

基本容量	单价	基本电费	基本附加费	无功电量	力率(%)	调整费
0	0.00	0	0.00	178.44	50	89.22

类别	电　量	电量单价	净电费	附加率(%)	附加费
平值	65 600	0.083	5 444.80	8	435.58
类别	电　量	综合加价单价	综合加价费	电建资金单价	电建资金费
平值	65 600	0.058	3 804.80	0.02	1 312.00
户动力电费小计					11 086.40
类别	电　量	电量单价	净电费	附加率(%)	附加费
平值	36 380	0.195	7 094.10	10	709.41
类别	电　量	综合加价单价	综合加价费	电建资金单价	电建资金费
平值	36 380	0.058	2 110.04	0	0
户照明(及小动力)电费小计					9 913.60
户电费合计					21 000

表　号	表标志	倍　率	上月表底	本月表底
杭 168344	P	100	(略)	(略)
长 01015	Q	100		
杭 01015	R	100		
哈 90004024	D	30		

单位总计:21 000　　计划:0.00　　应补:21 000　　应退:0.00

第 2012203 号

委邮　**委托银行收款**结算凭证(支款通知)　5

委托日期 2012 年 12 月 4 日

委托收号码:

付款期限 20　年　月　日	
延期期限 20　年　月　日	

<table>
<tr><td rowspan="3">收款单位</td><td>全　称</td><td>茂名市供电局</td><td rowspan="3">付款单位</td><td>全　称</td><td>中山公司</td></tr>
<tr><td>账　号</td><td>650-78546-033</td><td>账　号
或地址</td><td>286-54024-028</td></tr>
<tr><td>开户银行</td><td>中山路办事处</td><td>开户银行</td><td>解放路办事处</td></tr>
<tr><td>委收金额</td><td colspan="3">人民币:(大写) 贰万肆仟伍佰柒拾元整</td><td colspan="2">千 百 十 万 千 百 十 元 角 分
¥ 2 4 5 7 0 0 0</td></tr>
<tr><td>款项内容</td><td>电　费</td><td>委托收款凭据名称</td><td></td><td>附寄单证张数</td><td></td></tr>
<tr><td colspan="3">备注:</td><td colspan="3">付款单位注意:
1. 根据结算方式规定,上列委托收款,在付款期限内未拒付时,即视同全部同意付款,此联代支款通知。
2. 如需提前付款或多付少付时,应另写书面通知送银行办理。
3. 如系全部或部分拒付,应在付款期限内另填拒绝付款理由书送银行办理。</td></tr>
</table>

单位主管　　会计　　复核　　记账　　付款单位开户行盖章　　12 月 5 日

此联是付款单位开户银行通知付款单位按期付款的通知

6100043140　　**茂名市增值税专用发票**　　№ 027438

发　票　联

(印章:税务局监制 发票样)

开票日期:2012 年 12 月 4 日

<table>
<tr><td>购货单位</td><td colspan="4">名　　称:中山公司
纳税人识别号:250214010167421
地 址 、电 话:茂名市解放路 5251622
开户行及账号:市工行 286-54024-028</td><td>密码区</td><td colspan="3">(略)</td></tr>
<tr><td>货物或应税劳务名称</td><td>规格型号</td><td>单位</td><td>数　量</td><td>单　价</td><td>金　额</td><td>税率</td><td>税　额</td></tr>
<tr><td>电　费</td><td></td><td>度</td><td>101 980</td><td>0.205922</td><td>21 000.00</td><td>17%</td><td>3 570.00</td></tr>
<tr><td>合　计</td><td></td><td></td><td></td><td></td><td>¥21 000.00</td><td></td><td>¥3 570.00</td></tr>
<tr><td>价税合计(大写)</td><td colspan="7">贰万肆仟伍佰柒拾元整　　(小写)¥24 570.00</td></tr>
<tr><td>销货单位</td><td colspan="4">名　　称:茂名市供电局
纳税人识别号:250214030121853
地 址 、电 话:市府路 5263636
开户行及账号:市工行 650-78546-033</td><td>备注</td><td colspan="2"></td></tr>
</table>

收款人:张　侠　　复核:　　开票人:　　销货单位:(章)

(印章:茂名市供电局 电费结算章)

第二联:发票联　购货方记账凭证

21. 12月7日,销售产品。

电

托收承付结算凭证(回 单) 1

委托日期 2012 年 12 月 7 日

委收号码:0274896

收款单位	全 称	中山公司	付款单位	全 称	北方机床经销公司
	账 号	286-54024-028		账号或地址	142-38764-218
	开户银行	解放路办事处		开户银行	哈市工行勤奋办事处
托收金额	人民币:(大写) 贰拾万元整			千百十万千百十元角分	¥20000000
附 件		商品发运情况		合同名称号码	
附寄单证张数或册数	3张	铁运、运费 19820.00 元		中机 2000108	
备注: 电划		款项收妥日期 年 月 日		(收款人开户行盖章) 月 日	

此联是收款人开户银行给付款人的回单通知

单位主管　　会计　　复核　　记账

茂名市增值税专用发票

记 账 联

6100043140　　№ 078564

开票日期:2012 年 12 月 6 日

购货单位	名 称:北方机床经销公司 纳税人识别号:130801020742864 地 址 、电 话:哈市 7352843 开户行及账号:哈市工行 142-38764-218				密码区	(略)		
货物或应税劳务名称	规格型号	单位	数 量	单 价	金 额	税率	税 额	
PT123		台	2	42 000	84 000.00	17%	14 280.00	
PT456		台	2	35 000	70 000.00		11 900.00	
合 计					¥154 000.00		¥26 180.00	
价税合计(大写)	壹拾捌万零壹佰捌拾元整				(小写)¥180 180.00			
销货单位	名 称:中山公司 纳税人识别号:250214010167421 地 址 、电 话:解放路 5251622 开户行及账号:茂市工行 286-54024-028				备注			

第三联:记账联 销货方记账凭证

收款人:贾 群　　复核:　　开票人:　　销货单位:(章)

发票专用章

公路内河货物运输业统一发票

工商企业登记证编号
税务登记证编号 （略） 振兴 联运公司 电话 （略） №0110097
委托书编号： 地址 （略） 邮编 （略） 开单日期 2012年12月7日

付款单位	中山公司	发站港		代垫费用		联运费用	
地址或电话	茂名市解放路	到站(港)		项目	金额	项目	金额
收货单位	北方机床经销公司	经由	中伟	运杂费		提送货费	
				中转运杂费		仓储费	
结算编号 银行账号	142-38764-218	付款方式	转账	保险费		打包装箱费	
						业务费	
货物名称	件数	包装	重量			吊车费	
						邮寄费	
PT123	贰台	木箱	3吨			码头票签费	
						包干费	
PT456	贰台	木箱	5吨				
				小计			
				全程包干费	19820.00	小计	
合计人民币(大写)	壹万玖仟捌佰贰拾元整						￥19820.000

银行账号 （略） 开户行 （略） 开单员 王勤功

中国工商银行（茂）
转账支票存根

$\frac{B}{0}\frac{B}{2}$0079825

科　　目 ____________

对方科目 ____________

出票日期 2012 年 12 月 7 日

收款人：	市联运公司
金　额：	￥19 820.00
用　途：	运费

单位主管 郭远民　会计 王　辉

22. 12 月 8 日，汇付专利技术款。

中国工商银行电汇凭证（回单）

汇款单位编号：　　委托日期 2012 年 12 月 8 日　1　　No：0789124

收款单位	全　称	西北机械研究所			付款单位	全　称	中山公司									
	账号或住址	726-38162-504				账号或地址	286-54024-028									
	汇入地点	茂名市	汇入行名称	河阳区工行		汇出地点	茂名市	汇出行名称	解放路办事处							
金额	人民币（大写）玖万陆仟元整						千	百	十	万	千	百	十	元	角	分
									￥	9	6	0	0	0	0	0
汇款用途：汇付购买专利技术款						(汇出行盖章)										

上列款项已根据委托办理，如须查询，请持此回单来行面洽。

………………………………………………

单位主管 张盛才　会计 郭远民　复核 刘　华　记账 张莉

2012 年 12 月 8 日

此联是汇出银行给汇款单位的回单

茂名市行政事业性收款票据

缴费单位或个人姓名 中山公司　　2012 年 12 月 8 日　　第Ⅱ号　　№:0490670

收 费 项 目 名 称	计量单位	数量	单价	金额 千	百	十	万	千	百	十	元	角	分
PT123 喷机专利技术	套	1	96 000.00				9	6	0	0	0	0	0
金额合计(大写) 玖万陆仟元整						¥	9	6	0	0	0	0	0

第二联 收 据

收款单位(盖章)　　　　收款人(章) 曾永强

(专利技术转让证书略)

23. 12 月 8 日,领料。

供汽车间生产领用燃煤 25 吨,补填 2 日领料登记表。

用料单位 供汽车间　　**领 料 单**　　2012 年 12 月份

产品或命令	件 号		件数	领料日期	总号20121200 分号 04		
蒸 汽				12 月 8 日			
用 途	锅炉点火						
材料编号	材料名称规格		计量单位	数量	重量	计划单价	计划总价
	请领						
	实发	劈材(木材)	m^3	1		500	500
结存量		差异	价差	量差	原 因		
存放地点	5 号库						
主要施工单位	主 管	会计审核	核 料	发 料	收 料	会计科目	
	石 伟	铁 敏	尚 军	付 旭	韩 辉		

②此联经车间材料员签收后存材料核算员

用料单位 铸造车间

领　料　单

2012年12月份

<table>
<tr><td>产品或命令</td><td colspan="2">件　号</td><td>件数</td><td>领料日期</td><td colspan="2" rowspan="2">总号20121205
分号 05</td></tr>
<tr><td>球钢件</td><td colspan="2"></td><td></td><td>12月8日</td></tr>
<tr><td>用　途</td><td colspan="6">生产耗用(制作球钢件木模)</td></tr>
<tr><td>材料编号</td><td colspan="2">材料名称规格</td><td>计量单位</td><td>数量</td><td>重量</td><td>计划单价</td><td>计划总价</td></tr>
<tr><td></td><td>请领</td><td></td><td></td><td></td><td></td><td></td><td></td></tr>
<tr><td></td><td>实发</td><td>木　材</td><td>m^3</td><td>1</td><td></td><td>500</td><td>500</td></tr>
<tr><td>结存量</td><td></td><td rowspan="2">差异</td><td>价差</td><td>量差</td><td colspan="3">原　因</td></tr>
<tr><td>存放地点</td><td>5号库</td><td></td><td></td><td colspan="3"></td></tr>
<tr><td rowspan="2">主要施工单位</td><td>主　管</td><td>会计审核</td><td>核　料</td><td>发　料</td><td>收　料</td><td>会计科目</td></tr>
<tr><td>张　志</td><td>铁　敏</td><td>邢　龙</td><td>付　阳</td><td>李　刚</td><td></td></tr>
</table>

②此联经车间材料员签收后存材料核算员

24. 12月9日,领用球钢件。

铸件领用单

领用单位:机加工(一)车间　　2012年12月9日　　编号:00347

<table>
<tr><td rowspan="2">项　目
产品名称</td><td>铸件名称</td><td>球钢件</td><td>用　途</td><td colspan="2">生产用</td></tr>
<tr><td>请　领</td><td>实　发</td><td>单位成本</td><td>总成本</td><td>备　注</td></tr>
<tr><td>PT123</td><td>1吨</td><td>1吨</td><td></td><td></td><td></td></tr>
<tr><td>PT456</td><td>0.6吨</td><td>0.6吨</td><td></td><td></td><td></td></tr>
<tr><td></td><td></td><td></td><td></td><td></td><td></td></tr>
<tr><td>合　计</td><td>1.6吨</td><td>1.6吨</td><td></td><td></td><td></td></tr>
</table>

②此联经签收存车间核算员

主管:吴明德　　审核:刘　平　　领料:文　中　　发料:白　平

铸件领用单

领用单位：机加工（二）车间　　2012年12月9日　　编号：00348

项目 / 产品名称	铸件名称	球钢件	用途		生产用
	请领	实发	单位成本	总成本	备注
PT123	1吨	1吨			
PT456	1吨	1吨			
合计	2吨	2吨			

主管：刘斌　　审核：张学　　领料：高功　　发料：白萍

②此联经签收存车间核算员

25. 12月10日，借款。

借款凭证

2012年12月10日　　№0004875

借款单位：厂供应科		借款人　郑宝山
借款金额（大写）捌佰元整		¥800.00元
审批人（签章）同意。郭选民，2012年12月10日。		备注
借款事由	去北京出差。	

复核：王超　　记账：张莉

第二联　付款凭证

26. 12 月 10 日，编制铸造车间工资结算表。

按计时工资计算，日工资＝基本工资÷30 天，按缺勤日数扣月工资，其他车间部门略。

考 勤 统 计 表

编报：　　　　　　　　　2012 年 11 月

姓　名	出勤分类						缺勤分类				备注
	出勤	加班	迟到	早退	中班	夜班	公假	工伤假	病假	事假	
刘加龙	26	1			3	3					
汪　涛	24	3			2	2			2	2	病假不扣工资
党武伟	24	2					1	1	2		病假扣 40%
合　计											

部门负责人：牛志强　考勤员：马玉兰　审核单位：　　　　报出日期：12 月 5 日

中山公司有关工资结算标准

单位：铸造车间一工段　　　　　2012 年 12 月 4 日　　　　　单位：元

项　目	单位	金　额	项　目	单位	金　额	项　目	单位	金　额
加班加点	1 班次	20	经常性生产奖	人	180			
中班津贴	1 班次	5						
夜班津贴	1 班次	5						
说　明	经常性生产奖，凡每月出勤满 24 天以上者（含 24 天），人均 180 元，以下者每缺勤一天，扣 6 元。							

中山公司职工工资卡片

建卡日期：1992. 10. 31　　　　编号：00294

姓　名	汪　涛	性别	男	民族	回	出生年月日	1967. 8. 12
参加工作时间	1992. 10. 1	进厂时间	1992. 10. 1	工种	型模	签合同日期	

所属部门及工资津贴标准								
2012年		车间(部门)	工龄	职务	级别	工资标准	岗位工资	变动记录
月	日							
12	1	铸造·型模	20	组长	6	1 800		

中山公司职工工资卡片

建卡日期：1998. 2. 28　　　　编号：00396

姓　名	刘加龙	性别	男	民族	汉	出生年月日	1980. 7. 20
参加工作时间	1998. 2. 10	进厂时间	1998. 2. 10	工种	木模	签合同日期	

所属部门及工资津贴标准								
2012年		车间(部门)	工龄	职务	级别	工资标准	岗位工资	变动记录
月	日							
12	1	铸造·木模	14	工段长	5	1 500		

中山公司职工工资卡片

建卡日期：2011.10　　　　　　　　　　　　编号：00408

姓名	党武伟	性别	男	民族	汉	出生年月日	1989.9.2
参加工作时间	2011.10	进厂时间	2011.10.3	工种	型模	签合同日期	

所属部门及工资津贴标准

2012年		车间(部门)	工龄	职务	级别	工资标准	岗位工资	变动记录
年	月							
12	1	铸造·型模	1	技工		1 200		

中山公司职工扣款通知单

车间或部门：铸造车间　　　　2012年11月份　　　　单位：元

扣款项目 / 部门	电费	水费	扣款金额合计
一工段	200	220	420
汪涛	12	18	30
刘加龙	18	10	28
党武伟	—	5	5
二工段	300	500	800
合计	500	720	1 220
扣款部门盖章			报出日期：2012年12月5日

工 资 结 算 单

部门：铸造车间一工段　　　　2012年12月　　　　单位：元

姓名	出勤天数	月基本工资	经常性生产奖	津贴和补贴		加班加点工资	应扣工资		应付工资	代扣款项				实发金额	部门工资核算员盖章
				物价补贴	中夜班津贴		病假	事假		电费	水费		小计		
汪涛															
刘加龙															
党武伟															
（略）															
合计		5 800	2 500	0	400	500	200	180	8 820	200	220		420	8 400	

会计主管 郭远民　　　　复核　　　　制表　　　　年　月　日编制

工 资 结 算 单

编报单位：铸造车间　　　　2012年12月　　　　单位：元

项目	月基本工资	经常性生产奖	津贴和补贴		加班加点工资	应扣工资		应付工资	代扣款项				实发金额	部门工资核算员盖章
			物价补贴	中夜班津贴		病假	事假		电费	入托费	水费	小计		
1. 生产工人														
一工段	5 800	2 500		400	500	200	180	8 820	200		220	420	8 400	
二工段	6 300	3 000		500	700	300	200	10 000	300		500	800	9 200	
小计	12 100	5 500		900	1 200	500	380	18 820	500		720	1 220	17 600	
2. 车间管理人员	4 000	700		100	300	70	30	5 000	40		60	100	4 900	
合计								23 820					22 500	

会计主管 郭连民　　　　复核　　　　制表　　　　年　月　日编制

27. 12月10日,购股票(短期持有)。

成交过户交割凭单 买

12/10/2012

股东编号:	A129626400(存)	成交证券:	清华同方
电脑编号:	548167	成交数量:	10 000
公司代码:	600100	成交价格:	6.2
申请编号:	888	成交金额:	62 000
申报时间:	14:16:42	标准佣金:	310
成交时间:	14:17:10	过户费用:	16
上次余额:	0(股)	印花税:	124
本次成交:	10 000	应付金额:	62 450
本次余额:	10 000	附加费用:	0.00
本次库存:	10 000	实付金额:	62 450

经办单位:（略）　　　　客户签章 郭选民

(原已开立股票资金户,存入人民币10万元)

28. 12月11日,提取现金4 000元。

中国工商银行(茂)
现金支票存根

$\frac{B}{0}\frac{B}{2}$0079831

科　　目 ________

对方科目 ________

出票日期 2012年12月11日

收款人:	中山公司
金　额:	¥4 000.00
用　途:	备用

单位主管 郭选民 会计 王　辉

29. 12月11日，销售产品(转账支票略)。

6100043140　　茂名市增值税专用发票　　№ 078565

记　账　联

开票日期：2012年12月11日

购货单位	名　称：市机电公司 纳税人识别号：250214010425038 地址、电话：东风路 7214342 开户行及账号：市工行 286-02318-714					密码区	(略)	
货物或应税劳务名称	规格型号	单位	数　量	单　价	金　额	税率	税　额	
PT123		台	5	42 000	210 000.00	17%	35 700.00	
PT456		台	3	35 000	105 000.00		17 850.00	
合　计					¥315 000.00		¥53 550.00	
价税合计(大写)	叁拾陆万捌仟伍佰伍拾元整				(小写)¥368 550.00			
销货单位	名　称：中山公司 纳税人识别号：250214010167421 地址、电话：解放路 5251622 开户行及账号：茂市工行 286-54024-028					备注		

收款人：贾　群　　复核：　　开票人：　　销货单位：(章)

第三联：记账联　销货方记账凭证

中国工商银行**进账单**(回单或收账通知)　1　　№078432

2012年12月11日

收款人	全　称	中山公司	付款人	全　称	市机电公司
	账　号	286-54024-028		账　号	365-02318-714
	开户银行	解放路办事处		开户银行	人民路办事处
人民币(大写)	叁拾陆万捌仟伍佰伍拾元整			千 百 十 万 千 百 十 元 角 分	¥ 3 6 8 5 5 0 0 0
票据种类	转账支票				
票据张数	1张				
单位主管　会计　复核　记账				收款人开户行盖章	

此联是收款人开户行交给收款人的回单或收账通知

30. 12月12日，职工俱乐部购买音响一套。

（“固定资产交接单”和登记“固定资产卡片”从略）

中国工商银行（茂）
转账支票存根
B B / 0 2 0079826

科　　目 ______

对方科目 ______

出票日期 2012年12月12日

收款人：	茂名市民生大楼
金　额：	￥23 500.00
用　途：	购音响

单位主管 郭迭民　会计 王　辉

茂名市商业零售统一发票
发　票　联　　　　No：206041

客户名称：中山公司　　　　2012年12月12日

货号	品名及规格	单位	数量	单价	超十万元无效	十	万	千	百	十	元	角	分
	索尼音响	套	1	23 500			2	3	5	0	0	0	0
合计金额（大写）	贰万叁仟伍佰元整					￥	2	3	5	0	0	0	0
付款方式	转账支票	开户银行及账号	解放路办事处 286-64634-028										

②报销凭证

收款企业（盖章有效）茂名市民生大楼财务专用章　　收款人：刘　冬　　开票人：谢　毅

31. 12月13日,承付料款。

邮　**托收承付**结算凭证（承付/支款通知）　**5**

托收号码:第9772056号

委托日期2012年12月5日

承付期限			
到期	年	月	日

收款单位	全称	西宁钢厂	付款单位	全称	中山公司
	账号	782-03456-721		账号或地址	286-54024-028
	开户银行	胜利办事处		开户银行	解放路办事处
托收金额	人民币（大写）：壹拾万零柒佰柒拾元整			千百十万千百十元角分	¥10077000
附件		商品发运情况		合同名称号码	
附寄单证张数或册数	2	已发运			

备注:验单付款

付款单位注意:

1. 根据结算方式规定,上列托收款项,在承付期限内未拒付时,即视同全部承付,如系全额支付即以此联代支款通知;如遇延付或部分支付时,再由银行另送延件或部分支付的支款通知。
2. 如需提前承付或多承付时,应另写书面通知送银行办理。
3. 如系全部或部分拒付,应在承付期限内另填拒绝承付理由书送银行办理。

此联是付款单位开户银行通知付款单位按期承付货款的承付（支款）通知

单位主管:　会计　复核　记账　付款单位开户行盖章

青海省西宁市货物运输结算发票

发票联

2012年12月5日　№206041

托运单位	西宁钢厂	付款单位	西宁钢厂	开户行	胜利路办事处
装货地点	西宁市西宁钢厂	卸货地点	茂名市中山公司	账号	782-03456-721

货名	货类	数量	路等	里程	计费重量	计费吨千米	运率	基价	装费	卸费	计时	小计	合计金额（十万千百十元角分）
锰钢		9吨			9吨								¥600000
总计金额（大写）	陆仟元整												
承运单位						备注							
车号		收货人	刘德										

第二联报销凭证

填发单位:西宁汽运公司　制单:王均　收款:李龙　2012年12月5日

6100043140　　**西宁市增值税专用发票**　　№ 004057

发　票　联

开票日期：2012年12月5日

购货单位	名　　称：中山公司 纳税人识别号：250214010167421 地址、电话：茂名市 5251622 开户行及账号：解放办 286-54024-028				密码区	（略）		
货物或应税劳务名称	规格型号	单位	数　量	单　价	金　额	税率	税　额	
锰钢		吨	9	9 000.00	81 000.00	17%	13 770.00	
合　计					¥81 000.00		¥13 770.00	
价税合计（大写）	玖万肆仟柒佰柒拾元整				（小写）94 770.00			
销货单位	名　　称：西宁钢厂 纳税人识别号：270104010213579 地址、电话：西宁市 553182 开户行及账号：市工行 782-03456-721				备注			

收款人：张　华　　复核：　　开票人：　　销货单位：（章）

第二联：发票联　购货方记账凭证

32. 12月14日，支付着火仓库清理费3 000元。

中国工商银行（茂）
转账支票存根

$\frac{B\ B}{0\ 2}$0079849

科　　目 ________

对方科目 ________

出票日期 2012年12月14日

收款人：	高家村施工安装队
金　额：	¥3 000.00
用　途：	付着火仓库清理拆除费

单位主管 郭远民　会计 王　辉

（高家村施工安装队收据略）

33. 12 月 14 日,收到保险公司赔款,并结转着火 8# 仓库清理损益。

中国人民保险公司茂名市分公司

出险损失计算书

赔案编号	99120648	被保险人	中山公司		
保险单号码	99010072	起运通知单号次			
批单号次		保品	房屋建筑物等资产		
保险金额	150 000.00	承保条件			
保险期限	自 2012 至 2013 年 1 月 1 日 起 止	运输工具名称及吨位		号次	
出险日期	2012 年 12 月 5 日 18 时 20 分	起讫地点	自 经 到		
出险地点	中山公司 8# 仓库				

赔款原因:

根据中华人民共和国财产保险合同条例有关规定和事故单位投保单以及公安局火灾原因鉴定书等资料,理赔损失财产净额 85%,其余由事故单位承担。

赔款计算:

损失财产原值为 150 000 元,累计折旧为 72 000 元,净值为 78 000 元,减去因超载原因而由事故单位负担的 15% 即 11 700 元,加施救费用 3 000 元,应理赔金额 69 300 元整。

本案责任	保品损失	¥ 72 000 元	证明文明 市公消监(2012)字第 682 号 中国人民保险公司茂名市分公司 赔讫日期 2012 年 12 月 12 日
	第三者责任	¥ 11 700 元	
	施救费用	¥ 3 000 元	
	勘查费用	¥	
	追偿款	¥	
	损余收回	¥	
	共计(大写) 陆万玖仟叁佰元整		

核定:张玉云　　审核:刘兆海　　编制:王东武

中国工商银行茂名市分行进账单（回单或收账通知）　1

2012年12月4日　　　　第078433号

收款人	全　称	中山公司	随附下列票据壹张，请从付款人账户付出转入收款人账户。
	账　号	286-54024-028	
	开户银行	茂名市工商行解放路办事处	

合计金额	人民币（大写）	千	百	十	万	千	百	十	元	角	分
	陆万玖千叁佰元整			¥	6	9	3	0	0	0	0

付款人户名	付款人账号	付款人开户行	支票号码	用途	金　额	
市保险公司	286-68247-125	工商行	转		69 300.00	左列款项已从付款人转入你账户（如系你委托收款，应收妥进账后方能支用）。 收款银行盖章

收款人开户行交给收款人的回单或收账通知

说明：1. 委托收款时，请按付款人本行开户的和在他行开户的分别填制本单。

2. 委托付款时，请按每一支票填制本单一份（两联）。

34. 12月14日，完工产品入库。

产成品入库单

交库单位：装配车间　　　　2012年12月14日　　　　编号：00267

产品名称	型号规格	单位	交付数量	检验结果		实收数量	金　额
				合格	不合格		
PT123		台	12	12		12	
PT456		台	9	9		9	

车间送库盖章：　　　　检验盖章：刘　兰　　　　仓库经手盖章：严顺民

35. 12月15日,外购电动机入库。

中国工商银行（茂）
转账支票存根
$\frac{B}{0}\frac{B}{2}$0079828

科　　目＿＿＿＿＿＿

对方科目＿＿＿＿＿＿

出票日期 2012 年 12 月 15 日

收款人:	茂名市电机厂
金　额:	￥168 480.00
用　途:	购电动机

单位主管郭远民 会计王　辉

茂名市增值税专用发票
发　票　联

6100043140　　　　№ 020476

开票日期:2012 年 12 月 15 日

购货单位	名　　称:中山公司 纳税人识别号:250214010167421 地址、电话:解放路 5251622 开户行及账号:市工行 286-54024-028				密码区	（略）		
货物或应税劳务名称	规格型号	单位	数量	单价	金额	税率	税额	
75 千瓦交流电机		台	20	3 900.00	78 000.00	17%	13 260.00	
55 千瓦交流电机		台	20	3 300.00	66 000.00		11 220.00	
合　　计					￥144 000.00		￥24 480.00	
价税合计（大写）	壹拾陆万捌仟肆佰捌拾元整				（小写）￥168 480.00			
销货单位	名　　称:茂名市电机厂 纳税人识别号:250214010162383 地址、电话:和平路 7218524 开户行及账号:工行和办 387-64321-015				备注			

收款人:贾　群　　复核:　　开票人:　　销货单位:（章）

第二联:发票联　购货方记账凭证

中国工商银行（茂）
转账支票存根

$\frac{B}{0}\frac{B}{2}$0079829

科　　目 ________

对方科目 ________

出票日期 2012 年 12 月 15 日

收款人：茂名市运输公司	
金　额：¥5 000.00	
用　途：付运费	

单位主管郭选民 会计王　辉

茂名市货物运输结算发票

发　票　联

（全国统一发票监制章 票样 税务局监制）

2012 年 12 月 15 日　　　　№206041

托运单位	中山公司	付款单位	中山公司	开户行	胜利路办事处
装货地点	市电机厂	卸货地点	中山公司	账　号	782-03456-721

货　名	货类	数量	路等	里程	计费重量(吨)	计费吨公里	运率	每吨杂费单价：基价	装费	卸费	计时	小计	合计金额：十	万	千	百	十	元	角	分
75千瓦电机														¥	3	0	0	0	0	0
55千瓦电机														¥	2	0	0	0	0	0
总计金额(大写)	伍仟元整																			

承运单位		备注	
车　号	收货人	刘　德	

第二联 报销凭证

（茂名市运输公司 财务专用章）

填发单位：茂名市运输公司　　制单：王　行　　收款：李　虎　　2012 年 12 月 15 日

供应单位：茂名市电机厂　　　　**材料验收入库单**　　　　№：00347

地　　址：中心路　　　　收料日期：2012 年 12 月 15 日

计划项目				合同编号		材料编号												
	名 称 及 规 格	数 量	计量单位	单价	总价								运杂费					
					十	万	千	百	十	元	角	分	千	百	十	元	角	分
采购记录	75 千瓦交流电动机	20	台	3900		7	8	0	0	0	0	0	3	0	0	0	0	0
		请款金额合计																
实收	20 台		实际价格	4050		8	1	0	0	0	0	0						
请款日期	12 月 10 日	本月结余量	存放地点：3 号库	计划价格	4000	8	0	0	0	0	0	0						

1. 附提单：________号
2. 发票号码：________号
3. 委托加工：委申单________号
　　　　　　出库单________号
4. 提运限期　　年　　月　　日

检验结果：检验全部合格

备注：

②本联交财务报账存查

主管 郭选民　　记账 刘石　　保管 张琴　　检验 陈战　　采购员 王勇

（55 千瓦交流电动机，实收 20 台，计划单价 3000 元；材料验收入库单略）

36. 12 月 15 日，编制全厂工资结算汇总表（见下页）。

37. 12 月 15 日，提取现金备发工资。

中国工商银行（茂）
转账支票存根

$\frac{B}{0}\frac{B}{2}$0079832

科　　目________

对方科目________

出票日期　　年　月　日

收款人：________

金　额：________

用　途：

单位主管　　　会计

中国工商银行现金支票（茂）　　茂名　$\frac{B}{0}\frac{B}{2}$ 03188248

出票日期（大写）　　年　　月　　日　　付款行名称：

收款人：　　　　　　　　　　　　出票人账号：

本支票付款期限十天

人民币（大写）	千	百	十	万	千	百	十	元	角	分

用途________

上列款项请从
我账户内支付
出票人签章

科目（付）________

对方科目（收）________

付讫日期　　年　　月　　日

出纳　　　复核　　　记账

贴对号单处　$\frac{B}{0}\frac{B}{2}$03188248

中山公司工资结算汇总表

编报单位：　　　　　　　　　　年　　月　　　　　　　　　　单位：元

部门人员类别		月基本工资	经常性生产奖	津贴和补贴		加班加点工资	应扣工资		应付工资	代扣款项				实发金额	部门工资核算员盖章
部门名称	人员类别			物价补贴	中夜班津贴		病假	事假		电费	其他	水费	小计		
铸造车间	生产工人													17 600	
	管理人员													4 900	
机加工(一)车间	生产工人	13 000	4 200		700	900	500	300	18 000	300		500	800	17 200	
	管理人员	2 000	400		100	200	200	100	2 400	50		50	100	2 300	
机加工(二)车间	生产工人	14 000	4 800		600	300	400	200	19 100	400		500	900	18 200	
	管理人员	1 800	400		80	120	70	30	2 300	100		100	200	2 100	
装配车间	生产工人	9 000	3 000		300	200	200	200	12 100	260		140	400	11 700	
	管理人员	1 200	300		60	40	80	20	1 500	40		60	100	1 400	
机修车间	生产工人	7 000	2 000		260	140	240	60	9 100	100		200	300	8 800	
	管理人员	500	100		70	30	40	20	640	30		10	40	600	
供汽车间	生产工人	6 000	2 000		300	100	80	120	8 200	150		250	400	7 800	
	管理人员	700	200		110	90	70	30	1 000	30		70	100	900	
工程人员		1 500	400		40	60	160	40	1 800	80		120	200	1 600	
企业管理人员		17 800	5 200		50	110	160	300	22 700	260		610	870	21 830	
合　计									122 660					116 930	

会计主管　郭逵民　　　　复核　　　　制表　　　　　　　　年　　月　　日编制

38. 12 月 15 日，发放本月工资，并结转各项代扣款项。

代扣款项说明：

(1)“电费”直接记入“应付账款——供电局”账户(2 000 元)，“应交税费——应交增值税(进项税额转出)”账户(340 元)；

(2)“水费”直接记入“应付账款——自来水公司”账户(3 000 元)，“应交税费——应交增值税(进项税额转出)”账户(390 元)。

39. 12 月 15 日，付仓库计量器具检测费。

茂名市行政事业性收款票据

票样 财政监制

缴费单位
或个人姓名：中山公司　　2012 年 12 月 15 日　　№：0490670

收费项目名称	计量单位	数量	单价	金额 千	百	十	万	千	百	十	元	角	分
检验仓库计量器具									5	0	0	0	0
								¥	5	0	0	0	0
合计金额(大写) 伍佰元整													

第二联 收据

收款单位(章)　茂名市计量检测局 财务专用章　　收款人(章) 李 洋

中国工商银行(茂)
转账支票存根

$\frac{B}{0}\frac{B}{2}$0079833

科　　目 ____________

对方科目 ____________

出票日期 2012 年 12 月 15 日

收款人：	茂名市计量检测局
金　额：	¥500.00
用　途：	检测费

单位主管 郭选民　会计 王 辉

40. 12月15日,购料。

邮　　**托收承付**结算凭证（承付/支款 通知）　　5

托收号码：
第 9772056 号

承付期限
到期 2012 年 12 月 25 日

委托日期 2012 年 12 月 8 日

收款单位	全称	秦西炼焦厂	付款单位	全称	中山公司
	账号	403-53704-081		账号或地址	286-54024-028
	开户银行	风华办事处		开户银行	解放路办事处
托收金额	人民币：（大写）	柒仟伍佰玖拾捌元整		千百十万千百十元角分	¥ 7 5 9 8 0 0

附件		商品发运情况	合同名称号码
附寄单证张数或册数	3	已发运	12015#

备注：	付款单位注意：
验单付款	1. 根据结算方式规定，上列托收款项，在承付期限内未拒付时，即视同全部承付，如系全额支付即以此联代支款通知；如遇延付或部分支付时，再由银行另送延件或部分支款的支款通知。 2. 如需提前承付或多承付时，应另写书面通知送银行办理。 3. 如系全部或部分拒付，应在承付期限内另填拒绝承付理由书送银行办理。

单位主管：　会计　复核　记账　付款单位开户行盖章

此联是付款单位开户银行通知付款单位按期承付货款的承付（支款）通知

郑州铁路局运费杂费收据

付款单位或姓名　秦西炼焦厂　　2012 年 12 月 8 日　　№025310

原运输票据	年　月　日第		办理种别	
发站	秦西站	到站	茂名西站	
车种车号	标重			
货物名称	件数	包装	重量	计费重量
焦炭			30吨	30吨
类别	费率	数量	金额	附记
运费		30吨	1200	
过秤费			80	
合计			1280	
合计（大写）　壹仟贰佰捌拾元整				
收款单位：秦西站　　经办人：赵尚明				

（货运单略）

秦西市增值税专用发票

6100043140 发票联 № 016388

开票日期:2012年12月8日

购货单位	名称:中山公司 纳税人识别号:250214010167421 地址、电话:茂名市 5251622 开户行及账号:市工行 286-54024-028			密码区	(略)		
货物或应税劳务名称	规格型号	单位	数量	单价	金额	税率	税额
焦炭		吨	30	180.00	5 400.00	17%	918.00
合计					¥5 400.00		¥918.00
价税合计(大写)	陆仟叁佰壹拾捌元整				(小写)¥6 318.00		
销货单位	名称:秦西煤焦厂 纳税人识别号:230311010238274 地址、电话:秦市 213842 开户行及账号:秦工行 403-53704-081			备注			

收款人:王旭　复核:　开票人:　销货单位:(章)

第二联:发票联 购货方记账凭证

（印章：秦西煤焦厂 发票专用章）

材料验收入库单

供应单位:秦西煤焦厂　收料日期:2012年12月15日　№:00369

地址:河西市

计划项目		合同编号		材料编号			
	名称及规格	数量	计量单位	单价	总价(十万千百十元角分)	运杂费(千百十元角分)	
采购记录	焦炭	30	吨	180	5 4 0 0 0 0	1 2 8 0 0 0	
	请款金额合计						
实收	焦炭	30	实际价格		5 4 0 0 0 0	1 2 8 0 0 0	
请款日期	12月10日	本月结余量		存放地点	煤场	计划价格	200	6 0 0 0 0 0

1. 附提单:________号 2. 发票号码:________号 3. 委托加工:委申单________号 出库单________号 4. 提运限期　年　月　日	检验结果	检验合格
	备注	

主管 郭逵民　记账 刘石　保管 张平　检验 江文　采购员 洪桥

②本联交财务报账存查

41. 12月16日,领料。

铸造车间生产灰铁件领用生铁30吨(补登3日限额领料单);生产铸件领用煤10吨(补登3日领料登记表)。

供汽车间生产领用煤25吨(补登2日领料登记表)。

用料单位 装配车间　　**领　料　单**　　2012年12月份

<table>
<tr><td colspan="2">产品或命令</td><td colspan="2">件　号</td><td>件数</td><td>领料日期</td><td colspan="3">总号20121205
分号 05</td></tr>
<tr><td colspan="2"></td><td colspan="2"></td><td></td><td>12月16日</td><td colspan="3"></td></tr>
<tr><td colspan="2">用　途</td><td colspan="7">包装产品</td></tr>
<tr><td>材料编号</td><td colspan="3">材料名称规格</td><td>计量单位</td><td>数量</td><td>重量</td><td>计划单价</td><td>计划总价</td></tr>
<tr><td></td><td>请领</td><td colspan="2"></td><td></td><td></td><td></td><td></td><td></td></tr>
<tr><td></td><td>实发</td><td colspan="2">包装材料</td><td></td><td></td><td></td><td></td><td>600</td></tr>
<tr><td>结存量</td><td></td><td rowspan="2">差异</td><td>价差</td><td>量差</td><td colspan="4">原　因</td></tr>
<tr><td>存放地点</td><td>4号库</td><td></td><td></td><td colspan="4"></td></tr>
<tr><td rowspan="2">主要施工单位</td><td>主　管</td><td>会计审核</td><td>核　料</td><td>发　料</td><td>收　料</td><td>会计科目</td></tr>
<tr><td>张　志</td><td>铁　敏</td><td>邢　龙</td><td>贾　艳</td><td>李　刚</td><td></td></tr>
</table>

② 此联经车间材料员签收后存材料核算员

42. 12月16日,支付职工生活困难补助费。

关于发放职工生活困难补助费的通知

公司财务处:

根据公司工会2012年12月10日会议研究,决定给陈宏等四位同志给予生活困难补助,计人民币壹仟元整(￥1000.00),请你处按后附花名册发放。

公司工会委员会

2012年12月12日

生活困难补助费花名册

姓 名	补助金额	领款人签章	备 注
陈 宏	400.00	陈 宏	
郭 达	200.00	郭 达	
党武伟	200.00	党武伟	
李 哲	200.00	李 哲	
合 计	1 000.00		

43. 12月17日，核销坏账。

关于核销坏账的决议

经董事会会议研究决定，将应收河东纺织厂PT123喷机修理费5 000元予以核销(超过3年)。

2012年12月17日

44. 12 月 17 日，购回灭火器，交管理部门使用。

茂名市商业零售统一发票

发 票 联

No206041

客户名称：中山公司　　2012 年 12 月 17 日

货　号	品名及规格	单　位	数　量	单　价	超十万元无效	金　额						
	灭火器	个	5	300		万	千	百	十	元	角	分
							1	5	0	0	0	0
合计金额（大写）	壹仟伍佰元整						¥1	5	0	0	0	0
付款方式	转账支票	开户银行及账号	解放路办事处 286-64634-028									

收款企业（盖章有效）　　收款人：刘　冬　　开票人：谢　毅

②报销凭证

（发票专用章：……消防器……发票专用章）

中国工商银行（茂）
转账支票存根

$\frac{B}{0}\frac{B}{2}$0079829

科　　目 ____________

对方科目 ____________

出票日期 2012 年 12 月 17 日

收款人：	天广消防器材店
金　额：	¥1 500.00
用　途：	购买灭火器

单位主管 郭汝民　会计 王　辉

45. 12 月 18 日,购木材。

6100043140 **茂名市增值税专用发票** № 016388

发 票 联

（印章：全国统一发票监制章 票样 税务局监制）

开票日期:2012 年 12 月 18 日

购货单位	名 称:中山公司 纳税人识别号:250214010167421 地 址 、电 话:茂名市 5251622 开户行及账号:市工行 286-54024-028					密码区	（略）	
货物或应税劳务名称		规格型号	单位	数 量	单 价	金 额	税率	税 额
木 材			立方米	6	550.00	3 300.00	17%	561.00
合 计						¥3 300.00		¥561.00
价税合计(大写)		叁仟捌佰陆拾壹元整						(小写)¥3 861.00
销货单位	名 称:茂名市木材公司 纳税人识别号:210312010154321 地 址 、电 话:茂市 6234512 开户行及账号:茂工行 031-54762-124					备注	（印章：茂名市木材公司 发票专用章）	

收款人:郭 文　　复核:　　开票人:　　销货单位:(章)

第二联:发票联 购货方记账凭证

材料验收入库单

№:00359

地址:茂名市　　收料日期:2012 年 12 月 18 日

计划项目		合同编号			材料编号													
	名 称 及 规 格	数 量	计量单位	单价	总价 十	万	千	百	十	元	角	分	运杂费 千	百	十	元	角	分
采购记录	木材	6	立方米	550			3	3	0	0	0	0		1	1	0	0	0
		请款金额合计																
实收	木材	6	实际价格			¥	3	3	0	0	0	0		1	1	0	0	0
请款日期	12月18日	本月结余量	存放地点 2号库	计划价格 500		¥	3	0	0	0	0	0						

1. 附提单:________号 2. 发票号码:____________号 3. 委托加工:委申单______号 出库单______号 4. 提运限期 年 月 日	检验结果	
	备注	

主管 郭远民　记账 刘 石　保管 孙 明　检验 刘学丰　采购员 陈 力

②本联交财务报账存查

(运杂费共计 110 元,单据略)

46. 12 月 18 日，厂医务所购回药品。

茂名市商业批发统一发票

发票联

发货仓库

库	区	牌	号

№：906700

2012 年 12 月 18 日

客户名称		中山公司医务所				地 址	解放路										
产地	货号	品名及规格	等级	单位	件数	数量	批发单价	金额								零售价	备注
								十万	万	千	百	十	元	角	分		
		克感敏		瓶		10	15				1	5	0	0	0		
		麦迪霉素		箱		5	1200			6	0	0	0	0	0		
		板蓝根		箱		20	42.50				8	5	0	0	0		
		青霉素		箱		200	5			1	0	0	0	0	0		
金额（大写）		捌仟元整							¥	8	0	0	0	0	0		
付款方式		转账支票			开户银行及账号		人民路办 072-04563-039										

②报销凭证

企业（盖章有效） 收款人：黄 宏 开票人：宋丹萍

茂名市医药公司第二门市部 财务专用章

中国工商银行（茂）
转账支票存根

$\frac{BB}{02}$0079831

科　　目 ____________

对方科目 ____________

出票日期 2012 年 12 月 18 日

收款人：	市医药公司
金　额：	¥8 000.00
用　途：	购药品

单位主管 郭远民 会计 王 辉

47. 12月19日，收到承付货款。

中国工商银行电划代收补充报单

（收款通知）4

发报行	行号	015	编制 2012 年 12 月 18 日	收报行	行号	286	号码 8269428
	行名	哈市工行勤奋办事处			行名	工商行茂名解放路办事处	

此联代收款通知

收款单位｛账号或地址 286-54024-028；名称 中山公司

金额 贰拾万元整

亿	千	百	十	万	千	百	十	元	角	分
		¥	2	0	0	0	0	0	0	0

付款单位名称 北方机床经销公司

事由 货款、运费

应解汇款编号

上列款项已代转账，如有错误，请持此联来行面洽。此致（开户单位） （银行盖章） 2012 年 12 月 19 日	上列款项已照收无误 证件名称 证件号码 （收款单位盖章） 2012 年 12 月 19 日	科目（收） 对方科目（付） 记账 复核 出纳 转账日期 年 月 日

48. 12月19日，领料。

机修车间生产领用钢板1吨，机加工（一）车间生产PT123领用钢板8吨，生产PT456领用钢板4吨；机加工（二）车间生产PT123领用钢板8吨，生产PT456领用钢板6吨。（补登5日限额领料单）

用料单位 装配车间　　**领 料 单**　　2012 年 12 月份

产品或命令	件号		件数	领料日期	总号20121208	
				12 月 19 日	分号 08	
用途	油漆产品					
材料编号	材料名称规格		计量单位	数量	重量	计划单价	计划总价
	请领						
	实发	油漆	千克		100	5	500
结存量		差异	价差	量差	原因		
存放地点	4号库						

主要施工单位	主管	会计审核	核料	发料	收料	会计科目
	张志	铁敏	邢龙	贾艳	姜彬	

②此联经车间材料员签收后存材料核算员

用料单位 机修车间　　**领　料　单**　　2012年12月份

产品或命令	件　号		件数	领料日期	总号20121209	
				12月19日	分号 09	
用　途	生产耗用					
材料编号	材料名称规格		计量单位	数量	重量	计划单价	计划总价
	请领						
	实发	修理用备件					3 000
结存量		差异	价差	量差	原　因		
存放地点	4号库						

主要施工单位	主　管	会计审核	核　料	发　料	收　料	会计科目
	石　伟	铁　敏	陈　芳	贾　艳	刘　辉	

②此联经车间材料员签收后存材料核算员

49. 12月20日，划付水资源管理费。

第9142045号

委邮　**委托银行收款**结算凭证（付款通知）　5

委托日期2012年12月19日

委托号码：

付款期限20　年　月　日

延期期限20　年　月　日

收款单位	全　称	市水资源管理办公室	付款单位	全　称	中山公司
	账　号	286-30823-013		账　号或地址	286-54024-028
	开户银行	人民路办事处		开户银行	解放路办事处

委收金额	人民币（大写）：捌佰元整	千	百	十	万	千	百	十	元	角	分
							¥	8	0	0	0	0

款项内容	委托收款凭据名称		附寄单证张数	
水资源管理费		收　据		1张

备注：

付款单位注意：

1. 根据结算方式规定，上列委托收款，如在付款期限内未拒付时，即视同全部同意付款，以此联代支款通知。
2. 如需提前付款或多付少付款时，应另写书面通知送银行办理。
3. 如系全部或部分拒付，应在付款期限内另填拒绝付款理由书送银行办理。

此联是付款单位开户银行通知付款单位按期付款的通知

单位主管　会计　复核　记账　付款单位开户行盖章　12月19日

茂名市行政事业性收款票据

缴费单位或个人姓名：中山公司　　2012年12月19日　　№:0105457

收费项目名称	计量单位	数量	单价	金额 百	十	万	千	百	十	元	角	分
市区水资源管理费								8	0	0	0	0
							¥	8	0	0	0	0
合计金额（大写）捌佰元整				¥800.00								

第二联 收据

收款单位（章）　　收款人（章）：马中田

50. 12月20日，承付货款，材料入库。

邮　**托收承付**结算凭证（承付/支款 通知）　5

委托日期2012年12月12日

第0902067号

托收号码：

承付期限
到期　年　月　日

收款单位	全称	豫中钢铁公司	付款单位	全称	中山公司
	账号	031-54762-124		账号或地址	286-54024-028
	开户银行	豫中工行		开户银行	解放路办事处

托收金额	人民币（大写）：叁万陆仟玖佰肆拾肆元整	千	百	十	万	千	百	十	元	角	分
			¥	3	6	9	4	4	0	0	

附件		商品发运情况	合同名称号码
附寄单证张数或册数	4	已发运	

备注：验货付款

付款人注意：
1. 根据结算方式规定，上列托收款项，在承付期限内未拒付时，即视同全部承付，如系全额支付即以此联代支款通知；如遇延付或部分支付时，再由银行另送延付或部分支款的支款通知。
2. 如需提前承付或多承付时，应另写书面通知送银行办理。
3. 如系全部或部分拒付，应在承付期限内另填拒绝承付理由书送银行办理。

此联是付款单位开户银行付款人按期承付货款的承付（支款）通知

单位主管：　会计　复核　记账　付款单位开户行盖章12月20日

6100043140

豫中市增值税专用发票

发 票 联

№ 016388

开票日期:2012 年 12 月 11 日

购货单位	名　　称:中山公司 纳税人识别号:250214010167421 地 址 、电 话:茂名市 5251622 开户行及账号:市工行 286-54024-028	密码区	(略)

货物或应税劳务名称	规格型号	单位	数量	单价	金额	税率	税额
生　铁		吨	80	290.00	23 200.00	17%	3 944.00
合　计					¥23 200.00		¥3 944.00
价税合计(大写)	贰万柒仟壹佰肆拾肆元整				(小写)¥27 144.00		

销货单位	名　　称:豫中钢铁公司 纳税人识别号:210312010154321 地 址 、电 话:豫市 6234512 开户行及账号:豫工行 031-54762-124	备注	

收款人:郭　文　　复核:　　开票人:　　销货单位:(章)

第二联:发票联　购货方记账凭证

材料验收入库单

供应单位:豫中钢铁公司　　No:00359

地　　址:豫中市　　收料日期:2012 年 12 月 20 日

计划项目				合同编号						材料编号								
	名称及规格	数量	计量单位	单价	总价								运杂费					
					十	万	千	百	十	元	角	分	千	百	十	元	角	分
采购	生　铁	80	吨	290		2	3	2	0	0	0	0	9	8	0	0	0	0
记录		请款金额合计																
实收	生铁	80	实际价格		¥	2	3	2	0	0	0	0	9	8	0	0	0	0
请款日期	12 月 8 日　本月结余量	存放地点　2 号库	计划价格	300	¥	2	4	0	0	0	0	0						

1. 附提单:________号 2. 发票号码:________号 3. 委托加工:委申单______号 　　　出库单______号 4. 提运限期　年　月　日	检验结果	
	备注	

主管　郭远民　　记账刘　石　　保管孙　明　　检验　刘学丰　　采购员　陈　力

②本联交财务报账存查

(运杂费共计 9 800 元,单据略)

51. 12月20日，锰钢入库。

材料验收入库单

供应单位：西宁钢厂

地　　址：西宁市

收料日期：2012年12月20日

№：00362

计划项目		合同编号		材料编号														
	名称及规格	数量	计量单位	单价	总价								运杂费					
					十	万	千	百	十	元	角	分	千	百	十	元	角	分
采购记录	锰钢	9	吨	9000		8	1	0	0	0	0	0	6	0	0	0	0	0
		价款金额合计																
实收	锰钢	8	实际价格			7	2	0	0	0	0	0	6	0	0	0	0	0
请款日期	12月1日　本月结余量	存放地点　1号库	计划价格	10000		8	0	0	0	0	0	0						

1. 附提单：__________号
2. 发票号码：__________号
3. 委托加工：委申单__________号
　　　　　　出库单__________号
4. 提运限期　　年　　月　　日

检验结果：1吨系西宁市汽运公司责任短缺。

备注：

②本联交财务报账存查

主管 郭远民　　记账 刘石　　保管 王元　　检验 邢光　　采购员 朱林

材料损耗报告单

2012年12月20日

类别	名称规格	单位	损耗数量	单价	金额	损耗原因	处理意见
原材料	锰钢	吨	1	9 000	9 000	运输部门丢失	由西宁汽运公司赔偿
合计			1	9 000	9 000		

②财务

账务：铁敏　　审批：范中来　　主管：郭远民　　保管：王元　　制单：刘石

赔偿请求单

2012年12月20日

货物名称	锰钢	发运单位	西宁钢厂	票据编号	10851	发运数量	锰钢9吨
金额	81 000元	运杂费	6 000元	到站实际数量	8吨		
丢失品种	锰钢	损失数量	1吨	要求赔偿货款	10 530元(按含税价计,不负担运杂费)		
损失原因	由于货物在停车场被盗,系运输单位责任,请求赔偿。						

请求赔偿单位:中山公司　　赔偿单位意见:

52. 12月21日,支付广告费。

茂名市广告业专用发票

发　票　联　　№:001450

(印章:全国统一发票监制章 票样 税务局监制)

客户名称:中山公司　　2012年12月21日　　茂税(2012)第1版(3)

项目	单位	数量	单价	十万	万	千	百	十	元	角	分
产品广告(电视)	次	20	1 000.00		2	0	0	0	0	0	0
合计金额(大写)	贰万元整			¥	2	0	0	0	0	0	0

②报销凭证

单位(盖章有效)　　开票人:赵　卫

(印章:茂名市电视台广告收费专用章)

中国工商银行（茂）
转账支票存根

$\frac{B}{0}\frac{B}{2}$0079832

科　　目＿＿＿＿＿＿

对方科目＿＿＿＿＿＿

出票日期 2012 年 12 月 21 日

收款人：	市电视台广告部
金　额：	￥20 000.00
用　途：	广告费

单位主管 郭选民　会计 王　辉

53. 12 月 21 日，报销差旅费。（现金付出凭据略）

（该企业规定：出差期间市内交通费每天补贴 5 元，伙食补贴每天 20 元，且均按自然天数计算。住宿费按实际住宿天数计算，每天定额为 60 元，以发票为据报销，超标准部分不予报销。不坐卧铺者，按直快票价的 60％或特快票价的 50％补助）

差旅费报销单

单位名称　销售科　　　　　　　　　　　　附单据　　张

<table>
<tr><td colspan="2">姓名</td><td colspan="3">郑　宝　山</td><td colspan="2">出差事由</td><td colspan="6">联系业务</td><td colspan="2">结　算</td></tr>
<tr><td colspan="13">2012 年 12 月 12 日　时起至 2012 年 12 月 19 日　时止共计住勤 5 天途中 3 天</td><td>差旅费合计</td><td></td></tr>
<tr><td colspan="4">日　期</td><td rowspan="2">起止地点</td><td rowspan="2">交通费</td><td rowspan="2">住宿费</td><td colspan="2">途中伙食补贴</td><td colspan="2">住勤补贴</td><td rowspan="2">说　明</td><td rowspan="2"></td><td rowspan="2">办公费</td><td rowspan="2"></td></tr>
<tr><td colspan="2">起</td><td colspan="2">止</td><td>天数</td><td>金额</td><td>天数</td><td>金额</td></tr>
<tr><td>12</td><td>12</td><td>12</td><td>12</td><td>茂名—北京</td><td></td><td></td><td>1</td><td></td><td></td><td></td><td></td><td></td><td>报话费</td><td></td></tr>
<tr><td>12</td><td>13</td><td>12</td><td>17</td><td>北京住勤补贴</td><td></td><td></td><td></td><td></td><td>5</td><td></td><td></td><td></td><td></td><td></td></tr>
<tr><td>12</td><td>18</td><td>12</td><td>19</td><td>北京—茂名</td><td></td><td></td><td>2</td><td></td><td></td><td></td><td></td><td></td><td>共　计</td><td></td></tr>
<tr><td></td><td></td><td></td><td></td><td>市内交通费补贴</td><td></td><td></td><td></td><td></td><td></td><td></td><td></td><td></td><td>原借款</td><td>800.00</td></tr>
<tr><td></td><td></td><td></td><td></td><td>未坐卧铺补助</td><td></td><td></td><td></td><td></td><td></td><td></td><td></td><td></td><td>应退回</td><td></td></tr>
<tr><td></td><td></td><td></td><td></td><td></td><td></td><td></td><td></td><td></td><td></td><td></td><td></td><td></td><td>应补给</td><td></td></tr>
<tr><td colspan="5">小　　计</td><td></td><td></td><td></td><td></td><td></td><td></td><td colspan="4" rowspan="2">报销人签字 郑宝山　审核人 刘　军</td></tr>
<tr><td colspan="11">差旅费合计（大写）</td></tr>
</table>

北京售
北 京—茂 名 T51次
2012年12月18日 22:08开 09车16号中铺
全 价160.00元 新空调硬座特快卧
限乘当日当次车
在3日内到有效

茂名售
茂 名—北 京 T52次
2012年12月12日 10:00开 06车38座
全 价100.00元 新空调硬座特快
限乘当日当次车
在3日内到有效

北京市地方税收通用发票(电子)

发票联

行业类别:旅店业 2012年12月18日 发票号码:099428

付款单位名称:中山公司 识 别 号: 收款单位名称:北京市高美酒店 识 别 号: 税务机关:北京市地方税务局房山区税务分局
开票项目说明
住宿
合计金额(大写):肆佰元整 注: 单位盖章: 开票人:左云芳

发票联 付款方付款凭证

北京市高美酒店 收费专用章

54. 12月22日,领料。

铸造车间生产球钢件领用锰钢2吨(补登3日限额领料单);生产铸件领用焦炭20吨(补登2日领料登记表)。

用料单位 装配车间

领 料 单

2012年12月份

产品或命令	件 号	件数	领料日期	总号20041249 分号 10
			12月22日	
用 途	包装产品			

材料编号		材料名称规格	计量单位	数量	重量	计划单价	计划总价
	请领						
	实发	包装材料					300

结存量		差异	价差	量差	原 因
存放地点	4号库				

主要施工单位	主 管	会计审核	核 料	发 料	收 料	会计科目
	张 志	铁 敏	邢 龙	贾 艳	刘 振	

② 此联经车间材料员签收后存材料核算员

55. 12 月 23 日,销售产品。

6100043140 **茂名市增值税专用发票** № 078566

记 账 联

开票日期:2012 年 12 月 23 日

购货单位	名 称:江南纺织厂 纳税人识别号:160211010123456 地 址、电 话:宁市 3178656 开户行及账号:江南行 762-38495-156				密码区	(略)	
货物或应税劳务名称	规格型号	单位	数 量	单 价	金 额	税率	税 额
PT123		台	8	42 000	336 000.00	17%	57 120.00
PT456		台	6	35 000	210 000.00		35 700.00
合 计					¥546 000.00		¥92 820.00
价税合计(大写)	陆拾叁万捌仟捌佰贰拾元整				(小写)¥638 820.00		
销货单位	名 称:中山公司 纳税人识别号:250214010167421 地 址、电 话:解放路 5251622 开户行及账号:茂市工行 286-54024-028				备注		

收款人:贾 群　　复核:　　开票人:　　销货单位:(章)

第三联:记账联 销货方记账凭证

中国工商银行**进账单**(回单或收账通知) 1　　第 078434

年 月 日

收款人	全 称		付款人	全 称	
	账 号			账 号	
	开户银行			开户银行	
人民币(大写)					千 百 十 万 千 百 十 元 角 分
票据种类					
票据张数					
单位主管 会计 复核 记账				收款人开户行盖章	

此联是收款人开户行交给收款人的回单或收账通知

付款期限 壹个月 (工)

中国工商银行

银 行 汇 票 ②

AB068356
第 号

签发日期(大写) 贰零壹贰年拾贰月壹拾伍日　兑付地点:茂名市　兑付行:工商行　行号:286

收款人:中山公司	账号或住址:286-54024-028
汇款金额 人民币(大写)	陆拾肆万元整
实际结算金额 人民币(大写)	千 百 十 万 千 百 十 元 角 分

账号或住址: 762-38495-156

汇 款 人: 江南纺织厂
签 发 行: 江南行　行号: 762
汇款用途: 货　款
签发行盖章:

多余金额									科　目(付) 对方科目(收) 兑付日期　年　月　日 复核　记账
百	十	万	千	百	十	元	角	分	

兑付行兑付汇票后此联作联行往账付出传票。本汇票和汇款解讫通知一并由汇款人自带。

付款期限 壹个月

中国工商银行

银行汇票　解讫通知 ③

AB068356
第 号

签发日期(大写) 贰零壹贰年拾贰月壹拾伍日　兑付地点:茂名市　兑付行:工商行　行号:286

收款人:中山公司	账号或住址:286-54024-028
汇款金额 人民币(大写)	陆拾肆万元整
实际结算金额 人民币(大写)	千 百 十 万 千 百 十 元 角 分

账号或住址: 762-38495-156

汇 款 人: 江南纺织厂
签 发 行: 江南工商行　行号: 762
汇款用途: 货　款
兑付行盖章:
复核　经办

多余金额									科　目(付) 对方科目(收) 兑付日期　年　月　日 复核　记账
百	十	万	千	百	十	元	角	分	

此联兑付行兑付后随报单寄签发行,由签发行作多余款收入传票。

56. 12月23日,支付公证费。

中国工商银行(茂)
转账支票存根

$\frac{B}{0}\frac{B}{2}$0079833

科　　目 ____________

对方科目 ____________

出票日期 2012 年 12 月 23 日

收款人:	茂名市公证处
金　额:	¥300.00
用　途:	合同公证费

单位主管 郭选民　会计 王　辉

茂名市司法局财政局物价局统一收费票据

2012年12月23日　　　　　　　　　　　　　No:312017

公证处公证费缴交款人收执(4)

公证登记号	公证种类	缴款单位或姓名	金额 万	千	百	十	元	角	分	附　注
	承包合同	中山公司		¥	3	0	0	0	0	
人民币(大写)	叁佰元整									
收款单位		承办人　张　涛	收款员　赵　丽							

说明:
1. 本凭单在收到款项后,须经收款单位、承办人、收款员盖章,方为有效。
2. 本凭单系收款依据,希妥善保存。附卷联必须附存卷内,以便备查。

57. 12 月 24 日，购回复印纸报账（直接交复印室使用）。

茂名市商业零售统一发票
发 票 联

No：132004

客户名称：中山公司　　　　2012 年 12 月 24 日

货 号	品名及规格	单 位	数 量	单 价		金额						
						万	千	百	十	元	角	分
	复印纸	箱	2	180.00	超十万元无效			3	6	0	0	0
合计金额（大写）	叁佰陆拾元整						¥	3	6	0	0	0
付款方式	转账支票	开户银行及账号	解放办 286-54024-028									

收款企业（盖章有效）　　收款人：刘　兰　　开票人：张　玉

②报销凭证

中国工商银行（茂）
转账支票存根

$\frac{B}{0}\frac{B}{2}$0079834

科　　目 ____________

对方科目 ____________

出票日期 2012 年 12 月 24 日

收款人：	茂名市百货公司
金　额：	¥360.00
用　途：	购复印纸

单位主管 郭运民　会计 王　辉

58. 12 月 25 日，领料。

供汽车间生产领用煤 30 吨（补登 2 日领料登记表）；机修车间生产领用钢板 1 吨（补登 5 日限额领料单）；铸造车间生产灰铁件领用生铁 25 吨（补登 3 日限额领料单）。机加工（二）车间生产 PT123 领用钢板 7 吨，生产 PT456 领用钢板 6 吨（补登 5 日限额领料单）。

59. 12月25日，支付离休职工住院费。

全国统一发票监制章 票样

茂名市住院医疗费用结算收据

医院名称：茂名市第五人民医院　　结算时间：2012年12月24日　　No：0345872

姓　名	张　青	性别	男	住院号	0345872	病　区	脑血栓
医保卡号		住院时间自2012年12月16日至2012年12月24日共8天					
费用项目	金　额	费用项目	金　额	费用项目	金　额	费用项目	金　额
床位费	40.00	化验费		西药费	2 178.00	特殊材料费	
诊查费	17.00	治疗费	5.00	中成药		特需服务	
护理费		手术费		中草药		其　他	
检查费		血　费		调温费		合计	2 240.00
总金额（大写）	贰仟贰佰肆拾元整						
预交费用	2500.00	现金退款	260	支票退款	应补金额		
备　注	出院患者欠费： 医　　保(1)协议自费：　　(2)个人自付：　　(3)统筹挂账：						

第二联　医保附联

茂名市第五人民医院 收费专用章

制票人：　　　　收款人：

中国工商银行（茂）
转账支票存根

$\frac{B}{0}\frac{B}{2}$0079835

科　　目 ＿＿＿＿＿＿

对方科目 ＿＿＿＿＿＿

出票日期 2012年12月25日

收款人：	市第五人民医院
金　额：	￥2 240.00
用　途：	转付住院费

单位主管 郭远民　会计 王　辉

60. 12 月 26 日，收到出口专项借款。

中国工商银行专项借款借据（回单）　6

2012 年 12 月 10 日　　第 38045 号

借款单位名称	中山公司			存款户账号	286-54024-028
贷款种类	出口专项借款	利率	6%	贷款户账号	286-75431-069
贷款金额	人民币（大写）壹佰万元整				百十万千百十元角分 1 0 0 0 0 0 0 0 0
借款原因或用途	新建生产线				
约定还款日期	2014 年 12 月 31 日				
备注				银行公章 2012 年 12 月 10 日	

存款账户收款通知

（借款合同略）

61. 12 月 26 日，划付第四季度短期借款利息，并补提本期利息。

①

中国工商银行计收利息清单

科目：　　2012 年 12 月 26 日　　№ 0043132　　字　第

收入利息单位	单位名称	茂名工行解放路分理处	支付利息单位	单位名称	中山公司
	账号	207-45367-062		账号	286-54024-028
利息金额	人民币（大写）	壹万捌仟元整			千百十万千百十元角分 ¥ 1 8 0 0 0 0 0
计息存、贷款户账号		286-54024-028	上列利息金额已如数收付你单位结算账户 开户银行盖章		
计算利息起讫时间		2012 年 9 月 25 日起 12 月 25 日止			
计息积数		¥1 200 000.00　利率月息 0.5%			
备注		第四季度短期借款利息			

单位主管　　总会计　　会计　　复核　　记账　　制单

第一联　存款收账通知　放款息代支款通知联

62. 12月26日,档案室用现金购买办公用品报账。

茂名市商业零售统一发票

发票联

№:132004

客户名称:中山公司　　　　2012年12月26日

货号	品名及规格	单位	数量	单价	超十万元无效	金额 万	千	百	十	元	角	分
	档案防虫药	kg	12	12.00				1	8	4	0	0
合计金额（大写）	壹佰捌拾肆元整						¥	1	8	4	0	0
付款方式		开户银行及账号										

②报销凭证

收款企业(盖章有效)　　收款人:王　强　　开票人:徐　东

(提示:金额计算有误,此票不能报销)

茂名市商业零售统一发票

发票联

№:132015

客户名称:中山公司　　　　2012年12月26日

货号	品名及规格	单位	数量	单价	超十万元无效	金额 万	千	百	十	元	角	分
	打孔机	个	1	40.00					4	0	0	0
合计金额（大写）	肆拾元整							¥	4	0	0	0
付款方式		开户银行及账号										

②报销凭证

收款企业(盖章有效)　　收款人:张　华　　开票人:李　杰

63. 12 月 27 日,出售股票。

12/27/2012	成交过户交割凭单 卖
股东编号: A129626400 电脑编号: 548167 公司编码: 600100	成交证券: 清华同方 成交数量: 8 000 成交价格: 7.5
申请编号: 666 申报时间: 09:48:28 成交时间: 09:48:28	成交金额: 60 000 标准佣金: 300 过户费用: 10
上次余额: 10 000(股) 本次成交: 8 000(股) 本次余额: 2 000(股) 本次库存: 2 000(股)	印 花 税: 120 实收金额: 59 570 附加费用: / 实收金额: 59 570

经办单位:______________　　客户签章______________

64. 12 月 28 日,对外投资。

固定资产投资移交使用单

2012 年 12 月 28 日

转入单位:通宝机床厂　　转入:

转出单位:中山公司　　转出:

名　称	规格型号	单位	数量	账面原值	评估价值	估计使用年限	已提折旧
房屋		栋	1	900 000 元	700 000 元	20 年	280 000 元
合计			1	900 000 元	700 000 元	20 年	280 000 元
附属设备							

转入单位主管:　　转出单位主管:　　制单:

投资合同书(简)

接受投资单位:通宝机床厂　　　　　　(甲方)
投资单位:中山公司　　　　　　　　　(乙方)

甲方为筹办机床厂所需资金,经与乙方协议并遵守投资规定如下:

1. 乙方对甲方用房屋一栋作为投资。评估净值为700 000元,签订合同之日起交付使用。
2. 投资期限为10年,投资期内不得随意抽回投资额。
3. 投资额占甲方全部资金的40%,并按此比例享受年利润的分配。
4. 乙方可参与甲方生产经营的监督和管理。

……………………………………

甲方签章:通宝机床厂　　　　　　乙方签章:中山公司
　　　　　　　　　　　　　　　　合同签定时间:2012年12月27日

注:2012年12月28日,通宝机床厂注册资本总额为175万元。

65. 12月28日,划付职工失业保险费。

全民所有制单位职工失业保险费核定表

单位名称	中山公司			
性　　质	全　　民	核定日期	2012.12.20	
固　定　职　工		合　同　制　工　人		合　计
人　　数	180	人　　数	20	200
职工标准工资总额	80 000	职工标准工资总额	10 600	90 600
提取比例	1%	提取比例	1%	
交纳金额	800	交纳金额	106	906
核定单位意见	经审查核定属实,同意按表列数字交纳待业保险基金。			
说　　明				

主管:郭迭民　　　会计:林　方　　　制表:高　塬　　　复核:田　野

中国人民保险公司茂名市分公司

No:926048

职工失业保险基金专用缴款书

科目 款：职工待业保险
　　 项：

填发日期 2012 年 12 月 27 日

隶属关系：市机械局
经济性质：国有

收款单位	茂名市保险公司	缴款单位（人）	全　称	中山公司
账　号	713-28472-316		账　号	286-54024-028
开户银行	茂名工行解放路分理处		开户银行	解放路办事处
保险基金所属时期	2012 年 12 月		保险基金限缴日期	年　月　日

企业职工类别	人数	标准工资总额	缴纳比例	交纳金额 百	十	万	千	百	十	元	角	分
固定职工	180	80 000	1%					8	0	0	0	0
合同制工人	20	10 600	1%					1	0	6	0	0
小计	200	90 600	1%					9	0	6	0	0
保险基金合计	（人民币大写）玖佰零陆元整						¥	9	0	6	0	0
缴款单位盖章	上列款项已收妥，并划转收款单位账户 保险公司盖章 2012 年 12 月 27 日			备注：								

第一联（收据） 公司收款盖章后退缴款单位

缴款单位（人）地址：茂名市解放路　　电话：5251622

66. 12 月 28 日，付修缮费。（不能资本化）

茂名市建筑安装业统一发票

发票联

№930048

付款单位：中山公司

2012 年 12 月 26 日

工程编号及项目	收款内容	单位	数量	单价	金额 百	十	万	千	百	十	元	角	分
修缮办公楼	修缮费							1	4	0	0	0	0
合计人民币（大写）	⊗佰⊗拾⊗万壹仟肆佰零拾零元零角零分						¥	1	4	0	0	0	0

结算方式	转账	开工日期	2012 年 11 月 20 日	备注
附列决算表	1 张	竣工日期	2012 年 12 月 25 日	

企业（盖章）：　　财务：潘蕾　　开票：马荣

②报销凭证

中国工商银行（茂）
转账支票存根
$\frac{B}{0}\frac{B}{2}$0079836

科 目＿＿＿＿＿＿

对方科目＿＿＿＿＿＿

出票日期 2012 年 12 月 27 日

收款人：	东仪修缮队
金 额：	￥1 400.00
用 途：	付修缮费

单位主管 郭迭民 会计 王 辉

67. 12 月 28 日，划付本月电话费（话费单据略）。

第 0075241 号

同委 **委托银行收款**结算凭证（支款通知） 5

委托日期 2012 年 12 月 27 日

委托号码：

付款期限 20 年 月 日	
延期期限 20 年 月 日	

收款单位		付款单位	
全 称	茂名市电信局	全 称	中山公司
账 号	104-72384-051	账 号或地址	286-54024-028
开户银行	市工商行营业部	开户银行	解放路办事处

委收金额	人民币（大写）：壹仟贰佰元整	千	百	十	万	千	百	十	元	角	分
					￥	1	2	0	0	0	0

项目	金额	付款单位注意：
长话	550.00	1. 根据结算方式规定，上列委托收款，如在付款期限内未拒付时，即视同全部同意付款，以此联代支款通知。
市话	650.00	2. 如需提前付款或多付少付款时，应另写书面通知送银行办理。
线路租费		3. 如系全部或部分拒付，应在付款期限内另填拒绝付款理由书送银行办理。
电报		

此联是付款单位开户银行通知付款单位按期付款的通知

单位主管 会计 复核 记账 付款单位开户行盖章 12 月 28 日

68. 12月28日,铸件完工入库。

铸件交库单

生产部门:铸造车间　　2012年12月28日　　第00258号

工号	铸件名称	规格	单位	单价	数量	总价
	灰铁件		吨		19.0	
	球铜件		吨		2.8	
备注			检验人 武进 入库人:刘振华			

第四联:送财务部门

会计 张志英　　复核 雷鸣　　记账 申云　　制单 刘万民

69. 12月29日,销售产品。

6100043140　　**茂名市增值税专用发票**　　№ 078567

记　账　联

(印章:票样 税务局监制)

开票日期:2012年12月28日

购货单位	名称:岭北机械厂 纳税人识别号:121103010143258 地址、电话:吉市 2124383 开户行及账号:吉工行 432-38756-243			密码区	(略)		
货物或应税劳务名称	规格型号	单位	数量	单价	金额	税率	税额
PT123		台	5	42 000	210 000.00	17%	35 700.00
PT456		台	4	35 000	140 000.00		23 800.00
合计					¥350 000.00		¥59 500.00
价税合计(大写)	肆拾万玖仟伍佰元整				(小写)¥409 500.00		
销货单位	名称:中山公司 纳税人识别号:250214010167421 地址、电话:解放路 5251622 开户行及账号:茂市工行 286-54024-028			备注	(印章:中山公司 发票专用章)		

第三联:记账联 销货方记账凭证

收款人:贾群　　复核:　　开票人:　　销货单位:(章)

中国工商银行（茂）
转账支票存根

$\frac{B}{0}\frac{B}{2}$0079837

科　　目 ____________

对方科目 ____________

出票日期 2012 年 12 月 28 日

收款人：	市联运公司
金　额：	￥10 500.00
用　途：	整付运费

单位主管 郭迭民　会计 王　辉

（运费单据略）

邮

托收承付结算凭证（回　单）　1　委托号码：0274897

委托日期 2012 年 12 月 29 日

收款单位	全　称	中山公司	付款单位	全　称	岭北机械厂
	账　号	286-54024-028		账号或地址	432-38756-243
	开户银行	解放路办事处		开户银行	人民路办事处

托收金额	人民币（大写）：肆拾贰万元整	千	百	十	万	千	百	十	元	角	分
			￥	4	2	0	0	0	0	0	0

附　件		商品发运情况	合同名称号码
附寄单证张数或册数	3	铁运、运费 10 500 元	中司 9710019

备注：	款项收妥日期 年　月　日	（收款人开户行盖章）　月　日

此联是收款人开户银行给付款人的回单通知

单位主管　　会计　　复核　　记账

70. 12月30日,收到转让PT456专利使用费。(营业税税率为5%)

协　议　书

甲方:中山公司

乙方:前进机械厂

经甲、乙双方协商一致,甲方同意乙方有偿使用其"PT456"专利权,使用期限为2012年12月31日至2017年12月31日;乙方在使用前一次性支付甲方人民币贰拾万元作为有偿使用费(无后续支出)。同时,还应严格按照甲方的生产工艺要求和产品质量标准来组织安排生产,使产品符合质量要求。本协议未尽事宜,双方友好协商解决。

甲方:中山公司　　　　乙方:前进机械厂

(盖章)　　　　(盖章)

中山公司　　　　前进机械厂

法人代表(签字)　　　　法人代表(签字)

二〇一二年十二月二十九日　　　　二〇一二年十二月二十九日

中国工商银行现金支票（茂）

茂名　$\frac{B}{0}\frac{B}{2}$ 0079838

出票日期（大写）贰零壹贰年拾贰月叁拾日　　付款行名称：工行前进路支行

收款人：中山公司　　出票人账号：285-64024-026

本支票付款期限十天

人民币（大写）	千	百	十	万	千	百	十	元	角	分
贰拾万元整		¥	2	0	0	0	0	0	0	0

用途 付转让费

上列款项请从
我账户内支付
出票人签章

科目（付）

对方科目（收）

付讫日期　年　月　日

出纳　复核　记账

贴对号单处　$\frac{B}{0}\frac{B}{2}$03188248

中国工商银行进账单（回单或收账通知）　1　第 078434

年　月　日

收款人		付款人	
全　称		全　称	
账　号		账　号	
开户银行		开户银行	

人民币（大写）	千	百	十	万	千	百	十	元	角	分

票据种类		收款人开户行盖章
票据张数		
单位主管　会计　复核　记账		

此联是收款人开户行交给收款人的回单或收账通知

71. 12 月 31 日，铸造车间领用的煤剩余 1.4 吨办理退料手续。（红字领料单略，为简化核算不调整差异）

72. 12 月 31 日，计提本月折旧。

固定资产折旧计算表

年　　月　　　　　　　　　单位：

使用单位和固定资产类别		上月已提折旧额	上月增加的固定资产应计提的折旧额	上月减少的固定资产应计提的折旧额	本月应计提折旧额
铸造车间	厂房	10 825.0	300		
铸造车间	机器设备	7 000.0	1 000	600	
铸造车间	小计	17 825.0	1 300	600	
机加工(一)车间		20 116.0	1 000		
机加工(二)车间		18 319.5			
装配车间		10 547.5			
机修车间		3 659.1			
供汽车间		2 678.0	1 600		
厂部管理部门		11 000.0			
合计		84 145.1			

主管：　　　　　　审核：　　　　　　制表：

73. 12 月 31 日，分配工资费用（产品之间按实用工时比例分配）。

工资费用分配汇总表

年　月　　　　　　单位：元

车间或部门 \ 应借科目		基本生产成本	辅助生产成本	制造费用	在建工程	管理费用	合计
铸造车间	灰铁件						
	球钢件						
机加工（一）车间	PT123						
	PT456						
机加工（二）车间	PT123						
	PT456						
装配车间	PT123						
	PT456						
机修车间							
供汽车间							
设备安装工程（一车间）							
企业管理部门							
合　计							

主管　　　审核　　　制表　　　　年　月　日

生产工时情况统计表

年　　月

铸件名称	铸造车间	车间别 / 产品名称	机加工（一）车间	机加工（二）车间	装配车间
灰铁件	6 000	PT123	9 000	5 000	5 500
球钢件	4 000	PT456	7 000	3 000	4 500
合　计	10 000	合　　计	16 000	8 000	10 000

主管：郭选民　　　　审核：孟　刚　　　　制表：常　力

基本生产车间工资费用分配表

车间：铸造车间　　　　年　　月

分配对象（产品名称）	分配标准（实用工时）	分配率	工资费用
合　计			

主管：　　　　审核：　　　　制表：

基本生产车间工资费用分配表

车间：机加工(一)车间　　　　年　　月

分配对象（产品名称）	分配标准（实用工时）	分配率	工资费用
合　　计			

主管：　　　　审核：　　　　制表：

基本生产车间工资费用分配表

车间：机加工(二)车间　　　　年　　月

分配对象（产品名称）	分配标准（实用工时）	分配率	工资费用
合　　计			

主管：　　　　审核：　　　　制表：

基本生产车间工资费用分配表

车间：装配车间　　　　年　　月

分配对象（产品名称）	分配标准（实用工时）	分配率	工资费用
合　　计			

主管：　　　　审核：　　　　制表：

74. 12 月 31 日，计提福利费及有关经费。

职工福利费及有关经费提存表

2012 年 12 月　　单位：元

应借科目			计提标准	职工福利费(14%)	工会经费(2%)	职工教育经费(1.5%)	三项费用合计
基本生产成本	铸造车间	灰铁件					
		球钢件					
	机加工(一)车间	PT123					
		PT456					
	机加工(二)车间	PT123					
		PT456					
	装配车间	PT123					
		PT456					
辅助生产成本	机修车间						
	供汽车间						
制造费用	铸造车间						
	机加工(一)车间						
	机加工(二)车间						
	装配车间						
	机修车间						
	供汽车间						
小计							
管理费用							
在建工程							
合计			122 660	17 172.40	2 453.20	1 839.90	21 465.50

注：职工教育经费计提时 PT123、PT456 小数点后第三位“四舍”“五入”。机加(一)车间和装配车间 PT456 小数点后第三位用去尾法。

75. 12 月 31 日，编制收料凭证汇总表，计算并结转当月收入材料成本差异。

收料凭证汇总表

年　　月

材料类别	实际成本	计划成本	成本差异
原料及主要材料			
辅助材料			
外购半成品			
修理用备件			
燃　料			
周转材料			
合　计			

76. 12月31日，编制发料凭证汇总表。

铸造车间按铸件重量比例分配(灰铁件:39吨，球钢件:4吨)；装配车间按各产品本期投产数量比例分配(PT123: 16台，PT456: 12台)。

装配车间领用外购半成品汇总表(领料单略)

2012年12月

产品名称 / 外购半成品名称	PT123		PT456		合计
	数量(台)	计划成本	数量(台)	计划成本	计划成本
75千瓦电动机	22	88 000			88 000
55千瓦电动机			18	54 000	54 000
标准件		40 000		20 000	60 000
液压件		50 000		30 000	80 000
合　计		178 000		104 000	282 000

主管:郭选民　　审核:　　核料:刘　石　　保管:张　琴

生产车间、管理部门领用材料汇总表(领料单略)

年　月

领用车间 / 材料名称		木材(辅助材料)	劳保用品
		计划成本	计划成本
基本生产车间	铸造车间	300	60
	机加工(一)车间	200	180
	机加工(二)车间	250	140
	装配车间	200	120
	小　计	950	500
辅助生产车间	机修车间	400	60
	供汽车间	250	40
	小　计	650	100
厂部管理部门		200	100
合　计		1 800	700

主管:郭选民　　审核:　　核料:刘　石　　保管:贾　艳

发料凭证汇总表(一)

年 月

应借账户＼应贷账户			原料及主要材料		辅助材料				外购半成品		修理用备件		燃料				合计	
			计划成本	成本差异	间接材料计划成本	直接材料计划成本	计划成本小计	成本差异	计划成本	成本差异	计划成本	成本差异	间接材料计划成本	直接材料计划成本	计划成本小计	成本差异	计划成本	成本差异
基本生产成本	铸造车间	灰铁件				1 000	1 000	+30										
		球钢件				500	500	+15										
		小计				1 500	1 500	+45					9 460		9 460	+189.2		
	机加工(一)车间	PT123																
		PT456																
		小计																
	机加工(二)车间	PT123																
		PT456																
		小计																
	装配车间	PT123							178 000	−1 780								
		PT456							104 000	−1 040								
		小计			1 400		1 400	+42	282 000	−2820								
	合计				1 400	1 500	2 900	+87	282 000	−2820			9 460		9 460	+189.2		
辅助生产成本	机修车间										5 000	+250						
	供汽车间					500	500	+15						10 000	10 000	+200		
	合计					500	500	+15			5 000	+250		10 000	10 000	+200		
总计																	647 360	−8 828.8

基本生产车间材料费用分配表

车间：铸造车间　　　　　　　　年　　月

分配对象	分配标准	分配率	分配金额

主管：　　　　　　　　审核：　　　　　　　　制表：

基本生产车间材料费用分配表

车间：装配车间　　　　　　　　年　　月

分配对象	分配标准	分配率	分配金额

主管：　　　　　　　　审核：　　　　　　　　制表：

发料凭证汇总表(二)

年　　月

应借账户＼应贷账户		原材料(辅助材料)		周转材料(劳保用品)		合　计	
		计划成本	成本差异	计划成本	成本差异	计划成本	成本差异
制造费用	铸造车间						
	机加工(一)车间						
	机加工(二)车间						
	装配车间						
	机修车间						
	供汽车间						
	小　计						
管理费用							
合　计						2 500	+110

77. 12月31日，分配本月电费。

外购电费分配表

年　月

应借科目			动力用电 用电度数	动力用电 分配金额（分配率：　）	照明用电 用电度数	照明用电 分配金额（分配率：　）
基本生产成本	铸造车间	灰铁件	12 000			
		球钢件	8 000			
	机加工(一)车间	PT123	14 625			
		PT456	11 375			
	机加工(二)车间	PT123	12 500			
		PT456	7 500			
	装配车间	PT123	7 700			
		PT456	6 300			
	小计		80 000			
辅助生产成本	机修车间		8 000			
	供汽车间		12 000			
	小计		20 000			
制造费用	铸造车间				8 000	
	机加工(一)车间				8 000	
	机加工(二)车间				9 000	
	装配车间				6 000	
	机修车间				5 000	
	供汽车间				4 000	
	小计				40 000	
管理费用	水电费				9 000	
在建工程	一车间安装工程				1 000	
合计			100 000	40 000	50 000	20 000

主管：郭选民　　审核：　　制表：

78. 12 月 31 日,分配本月水费。

外购水费分配表

年　　月

应借科目 \ 项目		用水数量(吨)	分配金额 (分配率：　　)
制造费用	铸造车间	3 000	
	机加工(一)车间	2 500	
	机加工(二)车间	2 600	
	装配车间	2 800	
	机修车间	2 000	
	供汽车间	2 100	
	小　　计	15 000	
辅助生产成本	供汽车间	10 000	
管理费用	水电费	4 200	
在建工程	一车间安装工程	800	
合　　计		30 000	18 000

主管：郭运民　　　　审核：　　　　制表：

79. 12 月 31 日,摊销无形资产。

无形资产价值摊销表

年　　月　　　　单位：

资产名称	价　　值	孰短年限	月摊销额	备　　注
PT456 喷机专利权	240 000	10 年		
PT123 喷机专利技术	96 000	10 年		
合　　计				

主管：郭运民　　　　审核：　　　　制表：

80. 12月31日,分配预付费用。

预付费用分配表

2012年12月

车间、部门＼项目		保险费 实付额	保险费 分摊月数	保险费 本月摊销额	报刊订阅费 实付额	报刊订阅费 分摊月数	报刊订阅费 本月摊销额	合计
生产车间	铸造车间	1 692	12		1 680.6	6		
	机加工(一)车间	1 896	12		1 623	6		
	机加工(二)车间	2 232	12		1 129.2	6		
	装配车间	1 836	12		1 717.8	6		
	机修车间	1 080	12		1 707	6		
	供汽车间	1 584	12		1 375.2	6		
	小计	10 320	12		9 232.8	6		
企业管理部门		7 680	12		3 780	6		
合计		18 000	12	1 500	13 012.8	6	2 168.8	3 668.8

主管:郭选民　　审核:　　制表:

81. 12月31日,将辅助生产车间的制造费用转入辅助生产成本。

82. 12月31日,分配辅助生产费用(成本差异计入管理费用)。

辅助生产供应劳务数量汇总表

2012年12月

耗用单位		劳务项目 汽(吨)	劳务项目 修理(工时)	备注
供汽车间:一般消耗			200	计划单位成本: 汽 6元/吨 修理 8元/工时
机修车间:一般消耗		100		
铸造车间	灰铁件	600		
	球钢件	400		
	一般耗用	300	1 000	
机加工(一)车间	PT123	618.75		
	PT456	481.25		
	一般耗用	400	900	
机加工(二)车间	PT123	562.5		
	PT456	337.5		
	一般耗用	300	800	
装配车间	PT123	660		
	PT456	540		
	一般消耗	200	700	
企业管理部门		1 100	1 100	
小计		6 600	4 700	

本表一式三份,经财会部门审核后留存一份,退有关车间各一份。

主管:郭选民　　审核:　　制表:

辅助生产费用分配表

（计划成本分配法）

辅助生产车间名称				供汽车间	机修车间	合　　计
待 分 配 费 用				40 260	36 560	
供 应 劳 务 数 量						
计 划 单 位 成 本						
辅助生产	供　　汽		耗用数量			
			分配金额			
	机　　修		耗用数量			
			分配金额			
基本生产车间产品耗用	铸造车间	灰铁件	耗用数量			
			分配金额			
		球钢件	耗用数量			
			分配金额			
	机加工(一)车间	PT123	耗用数量			
			分配金额			
		PT456	耗用数量			
			分配金额			
	机加工(二)车间	PT123	耗用数量			
			分配金额			
		PT456	耗用数量			
			分配金额			
	装配车间	PT123	耗用数量			
			分配金额			
		PT456	耗用数量			
			分配金额			
基本生产车间一般耗用	铸造车间		耗用数量			
			分配金额			
	机加工(一)车间		耗用数量			
			分配金额			
	机加工(二)车间		耗用数量			
			分配金额			
	装配车间		耗用数量			
			分配金额			
企业管理部门			耗用数量			
			分配金额			
按计划成本分配金额合计						
辅助生产实际成本						
辅助生产成本差异				+660	−440	

主管：郭选民　　　　审核：　　　　制表：

83. 12 月 31 日，年终盘点库存材料。

材料物资盈亏报告表

2012 年 12 月 31 日

名称及规 格	计量单位	计划单价	结存数量		盘　　盈		盘　　亏		盈亏原因
			账面	实存	数量	金额	数量	金额	
生　铁	吨			86					计量不准
钢　板	吨			116					计量不准
合　计									

主管：郭远民　　　　会计：　　　　保管：孙　明　贾　艳

（为简化起见，“进项税额转出”略。由于年末，还应核销“待处理财产损溢”）

84. 12 月 31 日，材料对账。

原材料明细分类账户本期发生额及余额明细表

2012 年 12 月 31 日

明细分类账户名　称	计量单位	单价	期初余额		本期收入		本期发出		期末余额	
			数量	金额	数量	金额	数量	金额	数量	金额
生　铁									86	25 800
锰　钢									7	70 000
钢　板										
合　计									—	

材料收发结存汇总表

年　　月　　　　　　　　　　　　　　单位：

材料账户	材料类别	材料名称	期初余额	本期收入	本期发出	期末余额
原材料	原料及主要材料					
	辅助材料	油漆				
		木材				
		包装材料				
		小计				
	外购半成品	75 千瓦电动机				
		55 千瓦电动机				
		标准件				
		液压件				
		小计				
	修理用备件					
	燃料	煤				
		焦炭				
		小计				
	合计					1 281 140
周转材料	工具					3 000
	管理用具					1 000
	劳保用品					5 300
	合计					9 300

85. 12 月 31 日，分配基本生产车间制造费用。

制　造　费　用　分　配　表

车间：铸造车间　　　　　　　　年　　月

分配对象（产品名称）	分配标准（实用工时）	分配率	分配金额
合　计			

主管：　　　　　　　　审核：　　　　　　　　制表：

制　造　费　用　分　配　表

车间：机加工(一)车间　　　　　　　　年　　月

分配对象（产品名称）	分配标准（实用工时）	分配率	分配金额
合　计			

主管：　　　　　　　　审核：　　　　　　　　制表：

制 造 费 用 分 配 表

车间：机加工（二）车间　　　　　　年　　月

分配对象（产品名称）	分配标准（实用工时）	分配率	分配金额
合　　计			

主管：　　　　　　审核：　　　　　　制表：

制 造 费 用 分 配 表

车间：装配车间　　　　　　年　　月

分配对象（产品名称）	分配标准（实用工时）	分配率	分配金额
合　　计			

主管：　　　　　　审核：　　　　　　制表：

86. 12 月 31 日，计算并结转铸造车间铸件成本（因在产品数量很少，不计算其成本）。

铸造车间铸件成本计算表

铸件名称：灰铁件　　　　年　　月　　　　产量：

项　　目		直接材料	直接人工	制造费用	合计
月初在产品成本					
本月生产费用					
生产费用合计					
完工铸件	总成本				
	单位成本				
月末在产品成本					

铸造车间铸件成本计算表

铸件名称：球钢件　　　　年　　月　　　　产量：

项　　目		直接材料	直接人工	制造费用	合计
月初在产品成本					
本月生产费用					
生产费用合计					
完工铸件	总成本				
	单位成本				
月末在产品成本					

完工铸件成本汇总表

年　　月

铸件名称	计量单位	数量	直接材料	直接人工	制造费用	合　计
灰铁件	吨					
球钢件	吨					
合　计						

87. 产品入库。

产 成 品 入 库 单

交库单位：装配车间　　2012年12月31日　　编号：00268

产品名称	型号规格	单位	交付数量	检验结果		实收数量	金额
				合格	不合格		
PT123		台	6	6		6	

车间送库盖章：(略)　　检验盖章：刘兰　　仓库经收盖章：严顺民

产 成 品 入 库 单

交库单位：装配车间　　2012年12月31日　　编号：00269

产品名称	型号规格	单位	交付数量	检验结果		实收数量	金额
				合格	不合格		
PT456		台	7	7		7	

车间送库盖章：(略)　　检验盖章：刘兰　　仓库经收盖章：严顺民

88. 机加工车间领用铸件。

机加工车间领用铸件汇总表

年　月

车间 \ 铸件		灰铁件		球钢件	
		数量(吨)	金额	数量(吨)	金额
机加工(一)车间	PT123				
	PT456				
	合计				
机加工(二)车间	PT123				
	PT456				
	合计				

89. 12月31日，编制机加工(一)、(二)车间成本计算表。

(直接材料费用按定额费用比例分配；其他费用均按定额工时比例分配)

机加工车间各产品有关定额资料

车间份额		月初广义在产品		本月投入		完工产成品车间份额				
		定额直接材料费用	定额工时	定额直接材料费用	定额工时	单位定额		产量（台）	定额直接材料费用	定额工时
						直接材料	工时			
机加工(一)车间	PT123	112 000	2 600	88 000	2 400	5 000	150	18	90 000	2 700
	PT456	80 000	2 400	60 000	1 600	4 000	110	16	64 000	1 760
	合　计	192 000	5 000	148 000	4 000	—	—	—	154 000	4 460
机加工(二)车间	PT123	136 000	5 000	114 000	3 000	6 000	200	18	108 000	3 600
	PT456	120 000	3 000	100 000	2 000	5 500	140	16	88 000	2 240
	合　计	256 000	8 000	214 000	5 000	—	—	—	196 000	5 840

机加工车间产品成本计算表

车间：机加工(一)车间　　　　年　　月　　　　产品：PT123

项目	直接材料		定额工时	直接人工	制造费用	合计
	定额	实际				
月初在产品成本						
本月生产费用						
生产费用累计						
费用分配率						
计入产成品成本的份额						
月末在产品成本						

机加工车间产品成本计算表

车间：机加工(一)车间　　　　年　　月　　　　产品：PT456

项目	直接材料		定额工时	直接人工	制造费用	合计
	定额	实际				
月初在产品成本						
本月生产费用						
生产费用累计						
费用分配率						
计入产成品成本的份额						
月末在产品成本						

机加工车间计入产成品
成本份额汇总表

车间名称：机加工（一）车间　　　　年　　月　　　　单位：元

产品名称	成本项目			
	直接材料	直接人工	制造费用	合计
PT123				
PT456				
合计				

机加工车间产品成本计算表

车间：机加工(二)车间　　　　年　　月　　　　产品:PT123

项目	直接材料		定额工时	直接人工	制造费用	合计
	定额	实际				
月初在产品成本						
本月生产费用						
生产费用累计						
费用分配率						
计入产成品成本的份额						
月末在产品成本						

机加工车间产品成本计算表

车间：机加工（二）车间　　　　年　　月　　　　产品：PT456

项目	直接材料		定额工时	直接人工	制造费用	合计
	定额	实际				
月初在产品成本						
本月生产费用						
生产费用累计						
费用分配率						
计入产成品成本的份额						
月末在产品成本						

机加工车间计入产成品
成本份额汇总表

车间名称：机加工（二）车间　　　　年　　月　　　　单位：元

产品名称	成本项目			
	直接材料	直接人工	制造费用	合　计
PT123				
PT456				
合　计				

90. 12 月 31 日，编制装配车间成本计算表(采用约当产量法)。

装配车间在产品数量及投料程度表

产品名称	计量单位	月初在产品	本月投入	本月完工	月末在产品	投料程度	完工程度
PT123	台	12	16	18	10	70%	50%
PT456	台	9	12	16	5	80%	60%

装配车间产品成本计算表

产品名称：PT123　　　　年　月　　　　产量：

项　目	直接材料	直接人工	制造费用	合　计
月初在产品成本				
本月生产费用				
生产费用累计				
费用分配率				
计入产成品成本的份额				
月末在产品成本				

装配车间计入产成品
成本份额汇总表

车间名称：装配车间　　　　年　　月　　　　单位：元

产品名称	成本项目			
	直接材料	直接人工	制造费用	合计
PT123				
PT456				
合计				

装配车间产品成本计算表

产品名称：PT456　　　　　　　　　　年　　月　　　　　　　　　　产量：

项　　目	直接材料	直接人工	制造费用	合　　计
月初在产品成本				
本月生产费用				
生产费用累计				
费用分配率				
计入产成品成本的份额				
月末在产品成本				

91. 12 月 31 日，结转完工产品成本。

产成品成本汇总表

产品名称：PT123　　　　　　　　　　年　　月　　　　　　　　　　产量：

车　　间	直接材料	直接人工	制造费用	合　　计
机加工(一)车间				
机加工(二)车间				
装 配 车 间				
总　成　本				
单 位 成 本				

产成品成本汇总表

产品名称:PT456　　　　年　　月　　　　产量:

车　　间	直接材料	直接人工	制造费用	合　　计
机加工(一)车间				
机加工(二)车间				
装 配 车 间				
总　成　本				
单 位 成 本				

产成品入库汇总表

年　　月　　　　金额单位:元

产品名称规格	计量单位	数　　量	单位成本	总成本
合　　计				

92. 12 月 31 日,确认本期汇兑损益。

2012 年 12 月 31 日国家外汇牌价为 US $100.00 兑换 RMB￥810.00。

93. 12月31日，计提坏账准备。

坏账准备计提表

年 月 日

<table>
<tr><th colspan="3">项 目</th><th>行次</th><th>金 额</th></tr>
<tr><td colspan="3">应收账款期末余额</td><td>1</td><td></td></tr>
<tr><td colspan="3">其他应收款期末余额</td><td>2</td><td></td></tr>
<tr><td rowspan="2">提取比例</td><td colspan="2">应收账款</td><td>3</td><td></td></tr>
<tr><td colspan="2">其他应收款</td><td>4</td><td></td></tr>
<tr><td rowspan="2">期末应保留坏账准备</td><td colspan="2">应收账款</td><td>5</td><td></td></tr>
<tr><td colspan="2">其他应收款</td><td>6</td><td></td></tr>
<tr><td rowspan="4">“坏账准备”账户现有余额</td><td rowspan="2">应收账款</td><td>借方</td><td>7</td><td></td></tr>
<tr><td>贷方</td><td>8</td><td></td></tr>
<tr><td rowspan="2">其他应收款</td><td>借方</td><td>9</td><td></td></tr>
<tr><td>贷方</td><td>10</td><td></td></tr>
<tr><td rowspan="2">本期应提坏账准备</td><td colspan="2">应收账款</td><td>11</td><td></td></tr>
<tr><td colspan="2">其他应收款</td><td>12</td><td></td></tr>
<tr><td rowspan="2">本期应冲坏账准备</td><td colspan="2">应收账款</td><td>13</td><td></td></tr>
<tr><td colspan="2">其他应收款</td><td>14</td><td></td></tr>
<tr><td colspan="3">合 计</td><td>15</td><td></td></tr>
</table>

94. 12月31日,确认债券利息收入(半年计息一次)。

长期债券投资利息收益计算表

债券名称	票面要素						购买日期	购买份数	购买成本	折(溢)价	本期摊销折(溢)价	投资损益	其他
	发行日期	到期日期	票面价值	单(复)利率	偿还方式	其他							
国库券	2010.7.1	2013.7.1	1 000	(单)5%	到期还本付息		2010.7.1	200	200 000				

主管: 审核: 制单: 年 月 日

95. 12月31日,结转已销产品成本(采用加权平均法)。

已销产品成本计算表

年 月

产品名称	单位	月初结存		本月入库		本月销售	
		数量	总成本	数量	总成本	数量	总成本
合计							

复核: 制表:

96. 12月31日,计提存货跌价准备。

库存的钢板,由于市场价格下跌,企业决定计提38 900元的跌价准备。

97. 12 月 31 日，计提固定资产减值准备。

机加工(一)车间一台 C620 车床，经测算，其可收回金额为 18 万元，而该车床的账面价值为 19 万元。机加工(二)车间一台铣床，经测算，其可收回金额为 30 万元，该铣床的账面价值为 28 万元。

(该公司首次计提减值准备)

98. 结转本期应交未交增值税。

99. 计提本月应交城市维护建设税(7%)和教育费附加(3%)。

100. 12 月 31 日，计算本月应纳所得税(不考虑纳税调整项目，纳税申报表附后)。

1～11 月份"所得税费用"为 155 328.19 元。

101. 12 月 31 日，结转损益类账户和"本年利润"账户余额。

102. 12 月 31 日，提取盈余公积。

法定盈余公积、任意盈余公积分别按税后净利润的 10%和 5%提取。

103. 12 月 31 日，计算应付利润。

可供分配利润计算表

年度

项　目	行 次	金　额
净利润		
减：提取盈余公积		
加：盈余公积补亏		
年初未分配利润		
可供分配利润		

应付给投资者的利润，按当年净利润的 60%计算。

(有关决定、批件等略)

企业所得税计算申报表

预算级次：市级　　　　开户银行：________

企业名称：________　　　　账　　号：________

申报所属时期：自　　年　　月　　日至　　月　　日　　　　金额单位：　　元

项　　目	本期数	累计数	项　目	本期数	累计数	专管员审核意见
一、主营业务收入			四、利润(亏损)总额			
加工修理修配收入			减:应扣减利润			
减:主营业务成本			1.			
			2.			
主营业务税金及附加			3.			
			4.			
二、主营业务利润			加:应调增利润			
加:其他业务利润			1.			
减:销售费用			2.			票证号码及开票日期
管理费用			3.			
财务费用			4.			
资产减值损失						
三、营业利润			五、计税所得额			
加:投资收益			本期应纳所得税额			
营业外收入			减:已纳所得税额			
减:营业外支出			六、本期应补(退)所得税额			

企业负责人：　　　　会计主管：　　　　办税人员：　　　　申报日期：　年　月　日

104. 12 月 31 日,结转"利润分配"各明细账户余额。

105. 12 月 31 日,与银行对账。

银行存款余额调节表

存款种类:人民币户存款　　　　年　　月　　日

项　　目	金　额	项　　目	金　额
银行对账单上的存款余额		企业账面上的存款余额	
加:企收银未收		加:银收企未收	
减:企付银未付		减:银付企未付	
调节后的存款余额		调节后的存款余额	

中国工商银行(　　　　)对账单

2012 年　　　　　　账号:28654024028　　　　　　第 12 页

日期操作员凭证号	收　　入	付　　出	余　　额
承前页			500 000
1201 369 5671	480 000		
1202 369 2156		220 500	
1204 369 9823		600	
1204 369 5241		11 300	
1205 369 9824		1 388	
1205 369 9832		120 000	
1205 369 4895	80 000		
1205 369 0203		24 570	
1206 369 9825		19 820	
1208 369 9124		96 000	
1211 369 9831		4 000	
1211 369 8432	368 550		
1211 369 9826		23 500	
1213 369 2056		100 770	
1214 369 9849		3 000	
1214 369 8433	69 300		
1215 369 9828		168 480	
1215 369 9829		5 000	
1215 369 9832		116 930	
1215 369 9833		500	
1217 369 9830		1 500	
1218 369 9831		8 000	
1219 369 9428	200 000		
1219 369 2045		800	
1220 369 2067		36 944	
1221 369 9832		20 000	
1221 369 2056		7 598	
1223 369 9832		300	
1214 369 9834		360	
1224 369 9835		2 240	
1226 369 8045	1 000 000		
1226 369 3132		18 000	
1228 369 9836		1 400	
1228 369 9837		10 500	
1229 369 4383		300 000	
1229 369 9429	10 000		
1230 369 8435	200 000		
合　　计	2 407 850	1 324 000	1 583 850

PRINTEDDATE:**20121227**

106. 12 月 31 日,期末对账与结账。

第三部分　年 终 决 算

一、编制资产负债表

年初有关资料如下：

资产负债表(年初数)

2012 年　　　　单位:元

资　　产	行次	年初数	负债和所有者权益	行次	年初数
流动资产：			流动负债：		
货币资金	1	1 800 000	短期借款	46	1 300 000
交易性金融资产	2		应付票据	47	100 000
应收票据	3		应付账款	48	1 200 000
应收股利	4		预收款项	49	
应收利息	5		其他应付款	50	30 000
应收账款	6	600 000	应付职工薪酬	51	80 000
预付款项	7		应交税费	53	198 000
其他应收款	8	20 000	应付股利	54	230 000
存货	9	2 600 000	应付利息	56	
预付账款	10	10 000	一年内到期的非流动负债	58	
一年内到期的长期债券投资	12		其他流动负债	59	
其他流动资产	13				
流动资产合计	20	5 030 000	流动负债合计	65	3 138 000
非流动资产：			非流动负债：		
持有至到期投资	21	200 000	长期借款	66	100 000
固定资产	26	18 000 000	应付债券	67	
固定资产清理	28		长期应付款	68	989 000
在建工程	29	1 600 000	其他非流动负债	75	
无形资产	36	192 000	非流动负债合计	76	1 089 000
其他长期资产	37		负债合计	77	4 227 000
非流动资产合计	40	19 992 000	所有者权益：		
			实收资本	78	20 000 000
			资本公积	79	95 000
			盈余公积	80	600 000
			未分配利润	81	100 000
			所有者权益合计	85	20 795 000
资产总计	45	25 022 000	负债和所有者权益总计	90	25 022 000

二、编制利润表

有关资料详见下表。

利 润 表

2012 年 11 月　　　　单位:元

项　　目	行　次	上年数	1～11 月累计数
一、营业收入	1	10 600 000	10 786 000.00
减:营业成本	2	9 300 000	9 456 620.00
营业税金及附加	3	170 000	186 987.30
减:销售费用	9	150 000	180 000.00
管理费用	10	500 000	500 791.20
财务费用	11	30 000	37 000.00
资产减值损失			
加:投资收益	15	50 000	38 390.00
二、营业利润	14	500 000	462 991.50
加:营业外收入	16	20 000	40 000.00
减:营业外支出	17	40 000	32 300.00
三、利润总额	20	480 000	470 691.50
减:所得税费用	21	158 400	155 328.19
四、净利润	22	321 600	315 363.31

三、编制商品产品成本表

有关资料如下:

1～11 月商品产品产量、单位成本　　　　单位:元

产品名称	计量单位	1～11 月累计产量	单位成本		1～11 月累计实际总成本
			上年实际平均	本年计划	
PT123	台	182	38 000	37 500	6 771 480
PT456	台	84	31 000	30 500	2 529 200
合　计					9 300 680

第四部分　参 考 答 案

12月份经济业务参考答案

1. 冲销上月暂估料款。

借：应付账款——兰州钢铁公司　　180 000
　　贷：原材料——钢板　　180 000

2. 收到前欠货款。

借：银行存款　　480 000
　　贷：应收账款——东风织布厂　　480 000

3. 领用灰铁件(只登记发出栏数量)。
4. 领料(只登发出栏数量)。
5. 购入数控机床。

借：固定资产——生产用固定资产　　600 000
　　应交税费——应交增值税(进项税额)　　102 000
　　贷：应付账款——胜利机械厂　　702 000

6. 预借备用金。

借：其他应收款——张宏　　500
　　贷：库存现金　　500

7. 领料(只登记材料明细账发出栏数量)。
8. ① 材料采购总成本为187 320元,单位成本为3 122元。

借：材料采购——原材料——钢板　　187 320
　　应交税费——应交增值税(进项税额)　　29 580
　　贷：银行存款　　216 900

② 材料验收入库。

借：原材料——原料及主要材料——钢板　　180 000
　　贷：材料采购——原材料——钢板　　180 000

9. 报账。

借：管理费用——咨询费　　600
　　贷：银行存款　　600

10. 划付上月水费。

借：应付账款——茂名市自来水公司　　10 000
　　应交税费——应交增值税(进项税额)　　1 300
　　贷：银行存款　　11 300

11. 领料(只登记材料明细账发出栏数量)。

12. 购买办公用品。

借：制造费用——办公费(应注意分车间登记相应的费用额)　810.6
　　管理费用——办公费　577.4
　　贷：银行存款　1 388

13. 铸件完工入库(只登记自制半成品明细账收入栏数量)。

14. 申请出口产品专项借款(只填表,不做账)。

15. 交纳上月增值税、所得税。

借：应交税费——未交增值税　90 000
　　　　　　——应交所得税　30 000
　　贷：银行存款　120 000

16. 收到货款。

借：银行存款　80 000
　　贷：应收账款——红光织布厂　80 000

17. 领料(只登记材料明细账发出栏数量;修理用备用件只登金额)。

18. 购煤。

① 借：材料采购——燃料　21 000
　　应交税费——应交增值税(进项税额)　3 060
　　贷：应付票据　24 060

② 借：原材料——燃料　20 000
　　贷：材料采购——燃料　20 000

19. 固定资产转入清理。

借：固定资产清理——8# 仓库　78 000
　　累计折旧　72 000
　　贷：固定资产——生产用固定资产　150 000

20. 划付电费。

借：应付账款——市供电局　21 000
　　应交税费——应交增值税(进项税额)　3 570
　　贷：银行存款　24 570

21. 销售产品。

① 垫付运费。

借：应收账款——北方机床经销公司　19 820
　　贷：银行存款　19 820

② 确认收入。

借：应收账款——北方机床经销公司　180 180
　　贷：主营业务收入　154 000
　　　　应交税费——应交增值税(销项税额)　26 180

22. 汇付专利技术款。

借：无形资产——专利权　　96 000
　　贷：银行存款　　96 000

23. 领料(只登记材料明细账发出栏数量)。

24. 领用球钢件(只登记明细账发出栏数量)。

25. 借款。

借：其他应收款——郑宝山　　800
　　贷：库存现金　　800

26. 编制工资计算表。

汪涛、刘加龙和党武伟三人的工资计算如下：

① 汪涛：$1\,800+180+5\times4+20\times3-\frac{1\,800}{30}\times2-12-18=1\,910$(元)

② 刘加龙：$1\,500+180+5\times6+20\times1-18-10=1\,702$(元)

③ 党武伟：$1\,200+180+20\times2-\dfrac{\frac{1\,200}{30}\times2\times40\%-5}{32}=1\,383$(元)

27. 购股票。

借：投资收益　　450
　　交易性金融资产——清华同方股票(成本)　　62 000
　　贷：其他货币资金——存出投资款　　62 450

28. 提现。

借：库存现金　　4 000
　　贷：银行存款　　4 000

29. 销售产品。

借：银行存款　　368 550
　　贷：主营业务收入　　315 000
　　　　应交税费——应交增值税(销项税额)　　53 550

30. 购买音响。

借：固定资产——非生产用固定资产　　23 500
　　贷：银行存款　　23 500

31. 承付料款。

借：材料采购——原材料——锰钢　　87 000
　　应交税费——应交增值税(进项税额)　　13 770
　　贷：银行存款　　100 770

32. 支付仓库清理费。

借：固定资产清理——8# 仓库　　3 000
　　贷：银行存款　　3 000

33. ① 保险公司赔款。

借：银行存款　　69 300
　　贷：固定资产清理——8# 仓库　　69 300

② 结转清理损益。

借：营业外支出——处置非流动资产清理损失　　11 700
　　贷：固定资产清理——8# 仓库　　11 700

34. 完工产品入库(只登记产品明细账入库数量)。

35. 购入外购半成品。

借：材料采购——原材料——外购半成品　　149 000
　　应交税费——应交增值税(进项税额)　　24 480
　　贷：银行存款　　173 480

借：原材料——外购半成品　　140 000
　　贷：材料采购——原材料——外购半成品　　140 000

36. 编制工资汇总表。应付工资合计：122 660 元；实发金额合计：116 930 元。

37. 提现。

借：库存现金　　116 930
　　贷：银行存款　　116 930

38. ① 发工资。

借：应付职工薪酬　　116 930
　　贷：库存现金　　116 930

② 结转扣款。

借：应付职工薪酬　　5 730
　　贷：应付账款——供电局　　2 000
　　　　　　　　——自来水公司　　3 000
　　　　应交税费——应交增值税(进项税额转出)　　730

39. 付检测费。

借：管理费用——检测费　　500
　　贷：银行存款　　500

40. 购料。

① 付款：

借：材料采购——燃料(焦炭)　　6 680
　　应交税费——应交增值税(进项税额)　　918
　　贷：银行存款　　7 598

② 入库：

借：原材料——燃料(焦炭)　　6 000
　　贷：材料采购——燃料　　6 000

41. 领料(登记材料明细账发出栏数量)。

42. 支付职工生活困难补助。

借：应付职工薪酬	1 000	
贷：库存现金		1 000

43. 核销坏账。

借：坏账准备——应收账款	5 000	
贷：应收账款——河东纺织厂		5 000

44. 购灭火器。

借：管理费用——消防费	1 500	
贷：银行存款		1 500

45. 购木材。

① 付款：

借：材料采购——辅助材料——木材	3 410	
应交税费——应交增值税(进项税额)	561	
贷：应付账款——市木材公司		3 971

② 入库：

借：原材料——辅助材料——木材	3 000	
贷：材料采购——辅助材料——木材		3 000

46. 购药品。

借：应付职工薪酬——职工福利费	8 000	
贷：银行存款		8 000

47. 收到承付货款。

借：银行存款	200 000	
贷：应收账款——北方机床经销公司		200 000

48. 补登 5 日限额领料单并登记材料明细账。

49. 划付水资源管理费。

借：管理费用——水资源管理费	800	
贷：银行存款		800

50. 承付货款，材料入库。

① 购料：

借：材料采购——原料及主要材料	33 000	
应交税费——应交增值税(进项税额)	3 944	
贷：银行存款		36 944

② 入库：

借：原材料——原料及主要材料——生铁	24 000	
贷：材料采购——原料及主要材料		24 000

51. 锰钢入库。

① 借：原材料——原料及主要材料——锰钢 80 000
　　贷：材料采购——原料及主要材料——锰钢 80 000

② 材料损耗：

借：其他应收款——西宁汽运公司 10 530
　贷：材料采购——原料的主要材料——锰钢 9 000
　　应交税费——应交增值税(进项税额转出) 1 530

52. 支付广告费。

借：销售费用——广告费 20 000
　贷：银行存款 20 000

53. 报销差旅费。

郑宝山

住宿：$60 \times 5 = 300$(元)

火车：$160 + 100 = 260$(元)　　未坐硬软补贴：$100 \times 50\% = 50$(元)

市交：$5 \times 8 = 40$(元)

伙食补贴：$20 \times 8 = 160$(元)

$300 + 260 + 50 + 40 + 160 = 810$(元)

① 报差费。

借：管理费用——差旅费 800
　贷：其他应收款——郑宝山 800

② 补报销款 10 元。

借：管理费用——差旅费 10
　贷：库存现金 10

54. 领料(只登记明细账发出栏数量)。

55. 销售产品(多余 1 180 元退回)。

借：银行存款 638 820
　贷：主营业务收入 546 000
　　应交税费——应缴增值税(销项税额) 92 820

56. 支付公证费。

借：管理费用——公证费 300
　贷：银行存款 300

57. 购复印纸。

借：管理费用——办公费 360
　贷：银行存款 360

58. 领料(只登记材料明细账发生栏数量)。

59. 支付离休职工住院费。

借：管理费用——劳保费 2 240
　贷：银行存款 2 240

60. 收到出口专项借款。

借：银行存款 1 000 000
　贷：长期借款——出口专项借款 1 000 000

61. 划付短期借款利息，并补提本期利息。

① 借：应付利息 18 000
　　贷：银行存款 18 000

② 补提本期利息：

借：财务费用——利息支出 6 000
　贷：应付利息 6 000

62. 购办公用品。

借：管理费用——办公费 40
　贷：库存现金 40

购档案防虫的发票计算有误，不能报销。

63. 出售股票。

借：其他货币资金——存出投资款 59 570
　贷：交易性金融资产——清华同方股票(成本) 49 600
　　投资收益 9 970

64. 对外投资。

① 借：固定资产清理 620 000
　　累计折旧 280 000
　　贷：固定资产 900 000

② 投资：

借：长期股权投资——通宝机床厂 700 000
　贷：固定资产清理 620 000
　　营业外收入 80 000

65. 借：应付职工薪酬——社会保险费 906
　　贷：银行存款 906

66. 付修缮费。

借：管理费用——修理费 1 400
　贷：银行存款 1 400

67. 付电话费。

借：管理费用——电话费 1 200
　贷：银行存款 1 200

68. 铸件完工入库(登自制半成品明细账数量)。

69. 销售产品。

① 垫付运费：

借：应收账款——岭北机械厂　10 500
　贷：银行存款　10 500

② 销售收入：

借：应收账款——岭北机械厂　409 500
　贷：主营业务收入　350 000
　　应交税费——应交增值税(销项税额)　59 500

70. 收到转让 PT456 专利使用费。

① 取得：

借：银行存款　200 000
　贷：其他业务收入　200 000

② 计税：

借：营业税金及附加(200 000×5%)　10 000
　贷：应交税费——应交营业税　10 000

71. 退料(不做账务处理，月终汇总材料费时直接扣除即可)。

72. 计提折旧。

借：制造费用——铸造车间　18 525.0
　　——机加工(一)车间　21 116.0
　　——机加工(二)车间　18 319.5
　　——装配车间　10 547.5
　　——机修车间　3 659.1
　　——供汽车间　4 278.0
　管理费用——折旧费　11 000.0
　贷：累计折旧　87 445.1

73. 分配工资费用。

借：基本生产成本——铸造车间——灰铁件　11 292.0
　　　　——球钢件　7 528.0
　　——机加工(一)车间——PT123　10 125.0
　　　　——PT456　7 875.0
　　——机加工(二)车间——PT123　11 937.5
　　　　——PT456　7 162.5
　　——装配车间——PT123　6 655.0
　　　　——PT456　5 445.0
　辅助生产成本——机修车间　9 100.0
　　——供汽车间　8 200.0
　制造费用——铸造车间　5 000.0
　　——机加工(一)车间　2 400.0
　　——机加工(二)车间　2 300.0
　　——装配车间　1 500.0

——机修车间	640.0
——供汽车间	1 000.0
在建工程	1 800.0
管理费用——职工薪酬	22 700.0
贷：应付职工薪酬	122 660.0

74. 计提福利费及有关经费。

借：基本生产成本——铸造车间——灰铁件		1 976.10
——球钢件		1 317.40
——机加工(一)车间——PT123		1 771.88
——PT456		1 378.12
——机加工(二)车间——PT123		2 089.06
——PT456		1 253.44
——装配车间——PT123		1 164.63
——PT456		952.87
辅助生产成本——机修车间		1 592.50
——供汽车间		1 435.00
制造费用——铸造车间		875.00
——机加工(一)车间		420.00
——机加工(二)车间		402.50
——装配车间		262.50
——机修车间		112.00
——供汽车间		175.00
管理费用		3 972.50
在建工程		315.00
贷：应付职工薪酬——应付福利费	17 172.40	21 465.50
——工会经费	2 453.20	
——职工教育经费	1 839.90	

75. 收料汇总，结转材料成本差异。

借：材料成本差异——原料及主要材料	14 320
——辅助材料	410
——外购半成品	9 000
——燃料	1 680
贷：材料采购	25 410

76. ① 发料汇总表(一)。

借：基本生产成本——铸造车间——灰铁件	38 080
——球钢件	61 380
——机加工(一)车间——PT123	60 000
——PT456	30 000
——机加工(二)车间——PT123	90 000
——PT456	60 000
——装配车间——PT123	178 800

——PT456　104 600

辅助生产成本——机修车间　14 000

——供汽车间　10 500

贷：原材料——原料及主要材料　337 500

——辅助材料　3 400

——外购半成品　282 000

——修理用备件　5 000

——燃料　19 460

发料汇总表(一)成本差异：

借：辅助生产成本——机修车间　70.0

——供汽车间　215.0

材料成本差异——原料及主要材料　6 750.0

——外购半成品　2 820.0

贷：基本生产成本——灰铁件　368.4

——球钢件　1 167.4

——机加工(一)车间——PT123　1 200.0

——PT456　600.0

——机加工(二)车间——PT123　1 800.0

——PT456　1 200.0

——装配车间——PT123　1 756.0

——PT456　1 022.0

材料成本差异——辅助材料　102.0

——修理备用件　250.0

——燃料　389.2

发料汇总表(二)。

借：制造费用——铸造车间　360

——机加工(一)车间　380

——机加工(二)车间　390

——装配车间　320

——机修车间　460

——供汽车间　290

管理费用　300

贷：原材料——辅助材料　1 800

周转材料——劳保用品　700

材料成本差异率：

$$原料及主要材料 = \frac{-30\,000 + 14\,320}{500\,000 + 284\,000} \times 100\% = -2\%$$

(注：为计算简单，在此计算时不考虑第一笔原材料暂估款的冲销)

$$辅助材料 = \frac{-200 + 410}{4\,000 + 3\,000} \times 100\% = 3\%$$

$$外购半成品 = \frac{-20\,000 + 9\,000}{960\,000 + 140\,000} \times 100\% = -1\%$$

$$修理用备件 = \frac{400}{8\,000} \times 100\% = 5\%$$

$$燃料 = \frac{-1\,000 + 1\,680}{8\,000 + 26\,000} \times 100\% = 2\%$$

$$周转材料 = \frac{800}{10\,000} \times 100\% = 8\%$$

② 借：制造费用——铸造车间	13.8	
——机加工(一)车间	20.4	
——机加工(二)车间	18.7	
——装配车间	15.6	
——机修车间	16.8	
——供汽车间	10.7	
管理费用	14.0	
贷：材料成本差异——辅助材料		54.0
——周转材料		56.0

77. 分配电费。

动力用电：40 000/100 000 = 0.4

照明用电：20 000/50 000 = 0.4

借：基本生产成本——铸造车间——灰铁件	4 800	
——球钢件	3 200	
——机加工(一)车间——PT123	5 850	
——PT456	4 550	
——机加工(二)车间——PT123	5 000	
——PT456	3 000	
——装配车间——PT123	3 080	
——PT456	2 520	
辅助生产成本——机修车间	3 200	
——供汽车间	4 800	
制造费用——铸造车间	3 200	
——机加工(一)车间	3 200	
——机加工(二)车间	3 600	
——装配车间	2 400	
——机修车间	2 000	
——供汽车间	1 600	
管理费用——水电费	3 600	
在建工程	400	
贷：应付账款——市供电局		60 000

78. 分配水费。

分配率 = 18 000 ÷ 30 000 = 0.6

借：制造费用——铸造车间　1 800
——机加工(一)车间　1 500
——机加工(二)车间　1 560
——装配车间　1 680
——机修车间　1 200
——供汽车间　1 260
辅助生产成本——供汽车间　6 000
管理费用——水电费　2 520
在建工程　480
贷：应付账款——自来水公司　18 000

79. 借：管理费用——无形资产摊销　2 800
贷：累计摊销　2 800

80. 借：制造费用——铸造车间　421.1
——机加工(一)车间　428.5
——机加工(二)车间　374.2
——装配车间　439.3
——机修车间　374.5
——供汽车间　361.2
管理费用　1 270.0
贷：预付账款——保险费　1 500.0
——报刊费　2 168.8

81. 结转辅助生产车间制造费用。

借：辅助生产成本——机修车间　8 597.5
——供汽车间　9 110.0
贷：制造费用——机修车间　8 597.5
——供汽车间　9 110.0

制造费用归集：

机修车间 ＝135.1＋3 659.1＋640＋112＋460＋16.8＋2 000＋1 200＋374.5＝8 597.5(元)

供汽车间＝ 135.1 ＋2 678 ＋1 000 ＋175 ＋290 ＋10.7 ＋1 600 ＋1 260 ＋361.2 ＋1 600
＝ 9 110(元)

82. ① 待分配费用。

机修车间 ＝9 100 ＋1 592.5 ＋14 000 ＋70 ＋3 200 ＋8 597.5 ＝ 36 560(元)

供汽车间 ＝8 200 ＋1 435 ＋10 500 ＋215 ＋4 800 ＋6 000 ＋7 510 ＋1 600 ＝ 40 260(元)

② 按计划成本分配。

借：辅助生产成本——机修车间　600
基本生产成本——铸造车间——灰铁件　3 600
——球钢件　2 400
——机加工(一)车间——PT123　3 712.5
——PT456　2 887.5
——机加工(二)车间——PT123　3 375
——PT456　2 025

——装配车间——PT123　3 960

——PT456　3 240

制造费用——铸造车间　1 800

——机加工(一)车间　2 400

——机加工(二)车间　1 800

——装配车间　1 200

管理费用(按 2012 年版《企业会计准则》要求车间修理费用应计入管理费用)　44 200

贷：辅助生产成本——机修车间　37 600

——供汽车间　39 600

③ 结转辅助生产成本差异。

借：辅助生产成本——机修车间　440

管理费用　220

贷：辅助生产成本——供汽车间　660

83. ① 盘盈生铁。

借：原材料——原料及主要材料——生铁　300

贷：待处理财产损溢　300

② 盘亏钢板 1 吨。

借：待处理财产损溢　2 940

材料成本差异　60

贷：原材料——原料及主要材料——钢板　3 000

③ 借：管理费用　2 640

贷：待处理财产损溢　2 640

84. 对账，各明细账结存数量及金额详见教材，此略。

85. 借：基本生产成本——铸造车间——灰铁件　19 278.0

——球钢件　12 852.0

——机加工(一)车间——PT123　18 000.0

——PT456　14 000.0

——机加工(二)车间——PT123　18 062.5

——PT456　10 837.5

——装配车间——PT123　10 175.0

——PT456　8 325.0

贷：制造费用(应注意分车间转出)　111 530.0

86. 结算完工半成品成本。

借：自制半成品——灰铁件　78 657.7

——球钢件　87 510.0

贷：基本生产成本——灰铁件　78 657.7

——球钢件　87 510.0

球钢件产量为 4 吨，单位成本为 21 877.5 元；灰铁件产量为 39 吨，单位成本为 2 016.86 元。

87. 产品入库(登记产品明细账入库数量)。

88. 编制机加工车间领用铸件汇总表。

借：基本生产成本——机加工(一)车间——PT123(12 000+20 000)　32 000
　　　　　　　　　　　　　　　　——PT456(12 000+20 000)　32 000
　　　　　　　　——机加工(二)车间——PT123(6 000+20 000)　26 000
　　　　　　　　　　　　　　　　——PT456(18 000+20 000)　38 000
　贷：自制半成品——灰铁件　56 000
　　　　　　　　——球钢件　72 000

89. 填表(机加工车间成本计算表)。

90. 填表(装配车间成本计算表)。

91. 结算完工产品成本。

借：库存商品——PT123　668 520
　　　　　　——PT456　480 800
　贷：基本生产成本　1 149 320

92. 确认本期汇兑损益。

借：应收账款——西塞尔公司　3 000
　贷：财务费用　3 000

93. 计提坏账准备。

借：资产减值损失　13 380.3
　贷：坏账准备　13 380.3

94. 借：持有至到期投资——国库券　5 000
　　贷：投资收益　5 000

95. 借：主营业务成本——PT123　742 360
　　　　　　　　　　——PT456　451 020　}1 193 380
　　贷：库存商品——PT123　742 360
　　　　　　　　——PT456　451 020

96. 计提存货跌价准备。

借：资产减值损失　38 900
　贷：存货跌价准备　38 900

97. 借：资产减值损失　10 000
　　贷：固定资产减值准备　10 000

98. 借：应交税费——应交增值税(转出未交增值税)　51 127
　　贷：应交税费——未交增值税　51 127

99. 借：营业税金及附加　6 112.70
　　贷：应交税费——应交城市维护建设税　4 278.89
　　　　　　　　——应交教育费附加　1 833.81

100. 借：所得税费用　61 870.78
　　贷：应交税费——应交所得税　61 870.78

101. 结转损益。

借：主营业务收入	1 365 000	
营业外收入	80 000	
其他业务收入	200 000	
投资收益	14 520	
贷：本年利润		1 659 520
借：本年利润	1 473 907.68	
贷：主营业务成本		1 193 380.00
资产减值损失		62 280.30
管理费用		105 563.90
销售费用		20 000.00
营业税金及附加		16 112.70
财务费用		3 000.00
营业外支出		11 700.00
所得税费用		61 870.78
借：本年利润	500 975.63	
贷：利润分配——未分配利润		500 975.63

102. 计提法定盈余公积＝(315 363.31＋185 612.32)×10%＝50 097.56(元)

计提任意盈余公积＝50 097.56÷2＝25 048.78(元)

或 ＝(315 363.31＋185 612.32)×5%

借：利润分配——法定盈余公积	50 097.56	
——任意盈余公积	25 048.78	
贷：盈余公积——法定盈余公积		50 097.56
——任意盈余公积		25 048.78

103. 应付利润＝(315 363.31＋185 612.32)×60%＝300 585.38(元)

借：利润分配	300 585.38	
贷：应付股利——茂名国资委		225 439.04
——长江投资公司		75 146.34

104. 结转利润分配各明细账余额。

借：利润分配——未分配利润	375 731.72	
贷：利润分配——应付利润		300 585.38
——法定盈余公积		50 097.56
——任意盈余公积		25 048.78

105. 与银行对账单。

调节后的余额为 2 003 664 元。

106. 期末应结出各账户的余额，并将总账账户余额与所属明细账户余额进行核对。

试算平衡表

序号	科目名称	期初余额		本期发生额		期末余额	
		借方	贷方	借方	贷方	借方	贷方
1	库存现金	5 000.00		120 930.00	119 280.00	6 650.00	
2	银行存款	500 000.00		3 036 670.00	1 022 506.00	2 514 164.00	
4	交易性金融资产			62 000.00	49 600.00	12 400.00	
5	应收票据	65 000.00				65 000.00	
6	应收账款	805 000.00		623 000.00	765 000.00	663 000.00	
7	坏账准备		5 000.00	5 000.00	13 380.30		13 380.30
8	预付账款	12 910.00			3 668.80	9 241.20	
9	其他应收款	1 000.00		11 830.00	800.00	12 030.00	
10	存货跌价准备				38 900.00		38 900.00
11	材料采购			487 410.00	487 410.00		
12	原材料	1 660 000.00		453 300.00	832 160.00	1 281 140.00	
13	基本生产成本	1 171 268.00		999 513.50	1 324 601.50	846 180.00	
14	辅助生产成本			77 860.00	77 860.00		
15	库存商品	1 087 100.00		1 149 320.00	1 193 380.00	1 043 040.00	
16	固定资产	20 000 000.00		623 500.00	1 050 000.00	19 573 500.00	
17	累计折旧		3 000 000.00	352 000.00	87 445.10		2 735 445.10
18	固定资产减值准备				10 000.00		10 000.00
19	无形资产	240 000.00		96 000.00		336 000.00	
20	累计摊销		62 278.00		2 800.00		65 078.00
21	长期股权投资			700 000.00		700 000.00	
22	短期借款		1 200 000.00				1 200 000.00
23	应付票据				24 060.00		24 060.00
24	应付账款		1 080 000.00	211 000.00	788 971.00		1 657 971.00
25	周转材料	10 000.00			700.00	9 300.00	
26	材料成本差异		50 000.00	35 040.00	851.20		15 811.20
27	自制半成品	140 000.00		166 167.70	128 000.00	178 167.70	
28	在建工程	2 570 000.00		2 995.00		2 572 995.00	
29	持有至到期投资	220 000.00		5 000.00		225 000.00	

（续表）

序号	科目名称	期初余额		本期发生额		期末余额	
		借方	贷方	借方	贷方	借方	贷方
30	应付职工薪酬		83 000.00	132 566.00	144 125.50		94 559.50
31	应交税费		120 000.00	354 310.00	363 420.48		129 110.48
32	应付利息		12 000.00	18 000.00	6 000.00		
33	长期应付款		1 284 636.69				1 284 636.69
34	实收资本		20 000 000.00				20 000 000.00
35	资本公积		275 000.00				275 000.00
36	盈余公积		600 000.00		75 146.34		675 146.34
37	本年利润		315 363.31	1 974 883.31	1 659 520.00		
38	利润分配		100 000.00	751 463.44	876 707.35		225 243.91
39	长期借款		400 000.00		1 000 000.00		1 400 000.00
40	其他货币资金	100 000.00		59 570.00	62 450.00	97 120.00	
41	其他业务收入			200 000.00	200 000.00		
42	营业税金及附加			16 112.70	16 112.70		
43	制造费用			129 237.50	129 237.50		
44	资产减值损失			62 280.30	62 280.30		
45	投资收益			14 970.00	14 970.00		
46	财务费用			6 000.00	6 000.00		
47	主营业务收入			1 365 000.00	1 365 000.00		
48	营业外收入			80 000.00	80 000.00		
49	营业外支出			11 700.00	11 700.00		
50	销售费用			20 000.00	20 000.00		
51	待处理财产损溢			2 940.00	2 940.00		
52	主营业务成本			1 193 380.00	1 193 380.00		
53	管理费用			105 563.90	105 563.90		
54	应付股利				300 585.38		300 585.38
55	所得税费用			61 870.78	61 870.78		
56	固定资产清理			701 000.00	701 000.00		
合计		28 587 278.00	28 587 278.00	16 479 384.13	16 479 384.13	30 144 927.90	30 144 927.90

说明："长期借款"账户期末余额中有 400 000 元属于一年内到期的长期负债。

资产负债表

会企 01 表

编制单位：中山公司　　　　2012 年 12 月 31 日　　　　单位：元

资　产	期末余额	年初余额	负债和所有者权益（或股东权益）	期末余额	年初余额
流动资产：			流动负债：		
货币资金	2 617 934.00	1 800 000.00	短期借款	1 200 000.00	1 300 000.00
交易性金融资产	12 400.00		交易性金融负债		
应收票据	65 000.00		应付票据	24 060.00	100 000.00
应收账款	649 740.00	600 000.00	应付账款	1 657 971.00	1 200 000.00
预付款项	9 241.20	10 000.00	预收款项		
应收利息			应付职工薪酬	94 559.50	80 000.00
应收股利			应交税费	129 110.48	198 000.00
其他应收款	11 909.70	20 000.00	应付利息		230 000.00
存货	3 303 116.50	2 600 000.00	应付股利	300 585.38	
一年内到期的非流动资产			其他应付款		30 000.00
其他流动资产			一年内到期的非流动负债	400 000.00	
流动资产合计	6 669 341.40	5 030 000.00	其他流动负债		
非流动资产：			流动负债合计	3 806 286.36	3 138 000.00
可供出售金融资产			非流动负债：		
持有至到期投资	225 000.00	200 000.00	长期借款	1 000 000.00	100 000.00
长期应收款			应付债券		
长期股权投资	700 000.00		长期应付款	1 284 636.69	989 000.00
投资性房地产			专项应付款		
固定资产	16 828 054.90	18 000 000.00	预计负债		
在建工程	2 572 995.00	1 600 000.00	递延所得税负债		
工程物资			其他非流动负债		
固定资产清理			非流动负债合计	2 284 636.69	1 089 000.00
生产性生物资产			负债合计	6 090 923.05	4 227 000.00
油气资产			所有者权益（或股东权益）：		
无形资产	270 922.00	192 000.00	实收资本（或股本）	20 000 000.00	20 000 000.00
开发支出			资本公积	275 000.00	95 000.00
商誉			减：库存股		
长期待摊费用			盈余公积	675 146.34	600 000.00
递延所得税资产			未分配利润	225 243.91	100 000.00
其他非流动资产			所有者权益（或股东权益）合计	21 175 390.25	20 795 000.00
非流动资产合计	20 596 971.90	1 992 000.00			
资产总计	27 266 313.30	25 022 000.00	负债和所有者权益（或股东权益）总计	27 266 313.30	25 022 000.00

利润表

会企 02 表

编制单位:中山公司　　　　2012 年 12 月　　　　单位:元

项　　目	本期金额	本年累计
一、营业收入	1 565 000	12 351 000
减:营业成本	1 193 380	10 650 000
营业税金及附加	16 112.7	203 100
销售费用	20 000	200 000
管理费用	105 563.9	606 355.1
财务费用	3 000	40 000
资产减值损失	62 280.3	62 280.3
加:公允价值变动收益(损失以"一"号填列)		
投资收益(损失以"一"号填列)	14 520	52 910
其中:对联营企业和合营企业的投资收益		
二、营业利润(亏损以"一"号填列)	179 183.1	642 174.6
加:营业外收入	80 000	120 000
减:营业外支出	11 700	44 000
其中:非流动资产处置损失		
三、利润总额(亏损总额以"一"号填列)	247 483.1	718 174.6
减:所得税费用	61 870.78	217 198.97
四、净利润(净亏损以"一"号填列)	185 612.32	500 975.63
五、每股收益:		
(一)基本每股收益		
(二)稀释每股收益		

商品产品成本表略。